魂のみがきかた2

天運を呼ぶ積善11の実践

久保征章
KUBO MASAAKI

はじめに

『魂のみがきかた2』を手に取ってくださったあなたとのご縁に感謝します。前著『魂のみがきかた』では、前世療法の症例の蓄積で判明した「魂を磨けば幸せになれる」という仕組みを九つの道標として解説しました。「魂はどうすれば磨けるのかという長年の疑問が解決しました」という感想をたくさん頂きました。著者は十五年間にわたって前世療法に取り組んできました。そこで得た知見は著作群として結実しました。ですが、その過程で、前世療法や催眠療法には、重大な弊害があることがわかったので、２０２４年9月をもって、その施術を完全終了し、セラピールームも閉院しました。本書でその詳細についても言及しています。

本書は『魂のみがきかた』の続編として、前著で言及できなかった部分を中心に人生好転の仕組みを解き明かしました。第一章では、パーソナリティスタイルについての理解を深めるとともに、「生まれ変わりと魂の進化」について解説しました。第二章からは、積善の十カ条を切り口にしています。これは袁了凡《えんのりょうぼん》という人が説いた善行の指針です。袁了凡は明《みん》の時代の人で、『陰騭録《いんしつろく》』の著者です。『陰騭録』は、自分や周囲の人々が善行を積む生き方を心がけた結果、人生が好転して幸せになった事例を紹介し、善行の大切さを説いている本です。この本は、江戸時代に日本で広く読まれ、『和語陰騭録』が出て、生き方の手本として普及しました。

現代人が『陰騭録《いんしつろく》』を読むと古典的な道徳の本だと思うかもしれません。ですが、そこに前世療法から導き出された「生まれ変わりと魂の進化」という視点を加えて考えると、積善によって運命が好転し、人生の理想が成就し、幸せが増えていく仕組みが見えてくるのです。そこで、単に積善を勧めるのではなく、前世療法から判明した生まれ変わりと魂の進化の知見をふまえて、因果応報の法則について深く理解できるように解き明かしたのが本書です。

この本を手に取られたかたには、毒親、虐待、いじめ、悪縁などの外圧によって人生が歪められたと感じている人もいるかもしれません。そのような人も、本書を実践することで不利な状況や劣勢からの挽回ができるのです。不遇に苦しんだ人こそ本書を活用して、幸せな人生を創造して頂きたいと願っています。前著と対になる本ですが、最初に手にしたのが本書であっても難なく理解できるように説いています。本書が提唱する開運法は、前世療法から得られた人生好転の法則がベースになっています。本書をガイドとして、積善を重ねていくことで、悪縁が切れて良縁が結ばれて、あなたの人生に良きめぐり合わせが増えていくことでしょう。

目次

魂のみがきかた2

運を呼ぶ積善11の実践

第二章　対人関係の悩みと善悪の見極め

第一章　魂を磨く生き方とパーソナリティの進化

あらし吹く世にも動くな人ごころ
いはほに根ざす松のごとくに

明治天皇御製

前世療法が教えてくれた「生きる意味」

●生まれ変わりと因果応報の法則

著者は、平成21年（西暦２００９年）から、前世療法と呼ばれる退行催眠を用いた心理療法に取り組んできました。心理療法への関心が生じたきっかけは、医学による健康増進の活動に限界を感じたことにあります。医学生の時代から、漢方薬や鍼灸、気功などの東洋医学に深い関心を持っていましたが、臨床の場に出ると、肉体の治療だけでは真の癒しはできないと感じるようになったのです。もっと根本的に、人はなぜ生まれてくるのか。どう生きれば、生まれてきた目的に合致するのか。といったところから、解明していかないと、真の癒しは実現しないと考え、前世療法に取り組むようになりました。

前世療法を中心にする心理療法を行うようになってから、輪廻転生について、前世療法で得られた情報を根幹にして研究を重ねました。催眠状態となった患者さんの口からさまざまな前世の物語が語られます。その全内容を書き記して分析しました。その過程で、人生に働く法則が浮かび上がってきたのです。そして、わたしたちは何のためにこの世に生まれてきたのか。この世で何をしなければならないのか。どうすれば、幸せになれるのか。どうすれば、目の前の苦悩から解放されるのか。そのような「運命の治療」をするための方法論がまとまってきました。その方法論のポイントとは以下のようなものです。

人間は、生まれ変わりを繰り返しながら、魂の進化のための学びをしています。この世に生まれてきたら、魂の進化をめざして生涯を送ります。これは、本人にその自覚があるなしにかかわらず、そうなっているのです。**人の魂の進化を後押しするために、人の魂には因果応報の法則が働くようになっています。そして、幸せになることや、満足度の高い人生を実現することを願うなら、因果応報の法則を理解して、正しく活用することが、最も大事なことです。**

ところで、このような世界観を著者が初めて知ったのは、中学生の時に一冊の本を読んだことがきっかけでした。それは、丹波哲郎(1922年－2006年)氏の『死後の世界の証明』(1983年　廣済堂)という本です。丹波氏は、前世の記憶を持つ子供たちの研究や臨死体験の研究などを紹介しながら、あの世が存在することをこの本の中で論証しようとしました。そして、生まれ変わり、因果応報の法則などについて、世に広めようとして、1989年に『丹波哲郎の大霊界』

という映画も制作しています。著者が前世療法に取り組むきっかけを与えてくれたのは、丹波氏の著作との出会いであったともいえます。

あの世があることや、生まれ変わりがあること、そして、因果応報があることは、人類の歴史のなかで、さまざまな宗教や、古代の哲学などが、それぞれに教えてきたものです。前世療法の症例を検証することを通じて、それらの古い教えや伝承、そして、丹波氏に代表される心霊思想、スピリチュアリズムなどの共通項が浮かび上がってきたのです。そして、前世療法の症例研究を重ねるなかで、生まれ変わりや因果応報の法則が真実であることが、疑いようのないものであると心から納得できるようになりました。

その共通項のなかでも、本書では、魂の進化と因果応報の法則、そして、想念現象化の法則を扱っています。ところで、この世における人の活動とは、他者とのかかわりのなかにあります。人間は、まったくの孤独な状態で生きていくことはできません。多種多様な人とかかわり、**人間関係を通じて善き行いを積み重ねることが、幸せになるために重要です。すなわち、何らかのコミュニティに身を置くことで、人は幸せを感じることができるのです。**

因果応報の法則は、自己研鑽など孤独に学ぶことにも働きますが、それ以上に、他者とかかわりのなかで強く働いています。他者にどう接していくかということが生み出す因果応報の作用が、わたしたちの運命を左右し、幸福になるか、不幸になるかを決めているのです。そして、「人間は霊的存在であり、生まれ変わりを繰り返しながら魂が進化している」という前提に立って、人情の機微を学び、人間理解を深めていくのであれば、そこに生き方の指針が見えてくるのです。

これに対して、人間の心や性質を論じるとき、自然科学の観点から見ることもできます。つまり、下等な動物から長い時間をかけて進化して、人間という種が誕生している。そして、人間も動物の一種だから、動物界に働く法則や仕組み、行動様式などに影響されているという観点です。次世代に優秀な遺伝子を残し、種を存続させるために、さまざまな生き残り戦略を使って、生命の営みを続けているという見方です。確かに、これも人間の一面であり、そういう角度から人生を論じることもできます。

しかしながら、人間はそれだけではないのです。高度な自由意志を持ち、自由意志によって行動することで因果応報の作用を生み出すという、ほかの生物にはない特性を持ちます。「万物の霊長」と呼ばれるように、あるいは、「神の子」と呼ばれるように、人間は他の生物とは一線を画した存在なのです。著者は前世療法の症例を蓄積する過程で、人間が他の動物とは次元の違う存在であることは間違いないことだと確信するようになりました。

人間は人間にしか生まれ変わることはなく、生まれ変わりを重ねるごとに、魂が進化、向上し、より完全円満な理想的人格に近づいていくのです。この観点を省いて、巷の心理学や精神医学、あるいは脳科学や動物行動学などを根拠に、人間や人生を論じても、大事な何かが欠けたものとならざるを得ません。これらは根本的には、唯物論の立場から世界を論じているものばかりです。ところが、人間は霊的存在でもあり、霊的法則の影響を受けていることは無視できないのです。

そして、**霊的世界を肯定するということは、神様が存在していることを認めるということを意味します。すなわち、自然科学のみに依拠する唯物論の世界観には神様が存在せず、霊的真理に依拠する世界観には、神様が存在するということ**です。神様という言葉からイメージするものは人それぞれかもしれませんが、ここでいう神様とは、宇宙創造主（この宇宙を創造し、その進化をつかさどっている存在）という意味で理解していただければと思います。

本書では、前世療法から導き出された生まれ変わりや因果応報の仕組み、魂の進化の仕組みについて、袁了凡の積善の十カ条を解説しながら論じていきます。そのなかで、魂とは何か、そして、因果応報の法則をいかにすれば善用できるのかについて明らかにしていきます。袁了凡について詳しく知りたいかたは、コラム1をお読みください。

●魂の定義と「生まれ変わり」

あなたは、「そもそも、魂って何？」と思ったことはありませんか？魂の正体については、本書を読み進めていくと少しずつ理解が深まっていくと思いますが、とりあえず、ここでは、「魂とは超深層意識のこと」だと考えるとよいでしょう。わたしたちが、自分自身のことを認識できている表層意識とは別に、表面に出てこない深層意識があります。

心理学や精神医学では、これらを顕在意識と潜在意識という名称で呼び、その実態を海に浮かぶ氷山に例えたりします。氷山は水面に出ている部分よりも、水面下の部分のほうが圧倒的に大きいですが、人間の意識もこれと同じで潜在意識のほうが圧倒的に広くて大きいのです。

潜在意識には、生まれてから今日までの思考と感情が蓄積されています。そして、この潜在意識よりも、さらに深部にあって、通常では直覚できない存在が、超深層意識です。仏教ではこのような意識の階層が古くから研究されていて、末那識《まなしき》、阿頼耶識《あらやしき》という表現で知られています。ですが、そのような概念を追求しても、現実の人生に活かせないなら意味がありません。本書では、超深層意識が魂なんだという理解があれば十分です。

そして、ここからが重要なのですが、この超深層意識の本質は、宇宙創造主の魂の一部分、すなわち神のカケラなのです。ですから、**魂とは心そのものではありません。心の奥深くに鎮座する内なる神なのです。これが本書における魂の定義です。人間は精神の内奥に神のカケラを宿しているのです。人間の肉体の器に神のカケラが宿った時点から、人類の転生の歴史が始まったのです。**そして、この内なる神は、進化し向上するために、生まれ変わりを繰り返しているのです。神というと全知全能かと思うかもしれませんが、内なる神は、まだ全知全能ではありません。全知全能に向かって進化できる可能性を持った存在です。進化するために、生まれ変わりを繰り返すのです。

神のカケラという考え方の理解が難しい人もいるかもしれません。日本の伝統的信仰形態である神道において、分霊（ぶんれい、わけみたま）という言葉があります。これは、神道の用語で、本社の祭神を他所で祀る際、その神の神霊を分けたものを指す言葉です。神道では、神霊は無限に分けることができ、分霊しても元の神霊に影響はなく、分霊も本社の神霊と同じ働きをすると考えられています。人間の深奥に宿る神のカケラもこれと同じで、宇宙創造主という本社から、人間の個々の肉体という分社に、分霊（ぶんれい、わけみたま）として宿ったということです。分霊のことを分魂（ぶんこん、わけみたま）と表記することもあります。

人間は、この世の肉体生命を終えると、あの世、つまり霊界に移行して、霊的生命として進化の道を歩みます。そして、一定の期間、あの世での暮らしを経験すると、この世にまた生まれ変わって、新しい肉体の中に宿ります。人類として発祥してから今日まで、多い人で150〜160回、少ない人で50〜60回の生まれ変わりを重ねているようです。そして、生まれ変わりの回数がさらに少ない未熟な魂も、この世に生まれてきているのです。人間は人間にしか生まれ変わりません。人間が犬や猫や牛などの動物に生まれ変わることはありません。魂は、肉体に宿り、この世で愛や善や美を追求する過程で進化していくことができるのです。**わたしたちには自分が魂であるという自覚はありませんが、表層の自我が、この世でさまざまな経験を積み、人間としての諸能力を向上させることで、その精髄（エッセンス）が魂に取り込まれていくのです。そして、生まれ変わるときには、これが素養や才能や特性として転生した肉体に継承されるのです。**

この世に生まれてくると、最初は、親との関係、家族との関係という環境が魂の学びの場となるのです。そして、成長すると社会とかかわるようになります。幼少期から思春期は学校での人間関係があります。成人すると社会に出て、職業を持つようになったり、結婚して新たな家庭を築いたりします。

このような人生のストーリーのなかで、魂は、意志、慈愛、叡智という魂の三局面を進化させていくのです。困難を乗り越えたり、志を達成することで、意志の局面が進化します。周囲と和合し、弱者を助け、世に益する行いをすることで、慈愛の局面が進化します。学問を究め、知恵を深め、真理を悟ることで、叡智の局面が進化するのです。他者とのかかわりを通じて、相手の気持ちを認識する能力、自分の気持ちをコントロールする能力、自分の感情を相手に表現していく能力が磨かれていくのです。これらはすべて他者と調和していくための能力といえます。

人生で経験されたことが、その人の心の世界を形作ります。この心の世界が、肉体に対して霊体と呼ばれる部分です。肉体が寿命を終えて死んでも、霊体は滅びることなく残ります。その霊**体のさらに深奥にある核の部分が、宇宙創造主の分霊（わけみたま）であり、これが狭義の魂です。そして、広義の魂とは、神のカケラ（わけみたま）も含め、霊体、肉体などのすべてを包含している全体である**といえるでしょう。

この世での寿命が終わると、肉体の部分は滅びます。肉体という衣を脱ぎ捨て、霊体となって、霊界に移行するのです。そして、この世でどれだけ成功して、どれだけの富や名声を得ても、いかなる人間も、寿命が尽きれば死を迎えるのです。死ぬときがくれば、この世で得たものはすべて手放して、肉体を捨てて、あの世に行かなければなりません。

あの世に持っていくことができるのは、肉体以外の部分です。すなわち、霊体とその奥にある魂です。この世でどれだけの大富豪になっていても、あの世に行けばその財産はいっさい手元にはありません。霊界に、この世のお金や地位は持って行けないのです。**あの世に持って行けるのは、自分の心の世界だけです。あの世では、その人がこの世でどれだけ愛にもとづく善を行えたか、どれだけ魂に真、善、美の霊的栄養を吸収できたか、ということが行先を左右します。**金の亡者となり、悪事や不正を重ねたり、冷酷な仕打ちで他人を苦しめたような人は、生前どれだけの身分があろうとも、どれだけの金持ちであろうとも、霊界での身分が保証されているわけではありません。一般的に天国と地獄という概念がありますが、天国に行くことはできず、地獄がその行先になることも多いと考えられます。

　そして、地獄界に行く場合は、数百年から最悪数千年以上も、その牢獄から出ることは許されないようです。世界規模の巨富を占有して政治を動かし、戦争で金儲けするような大富豪が世界に数百人もいるそうですが、このタイプの金持ちは、膨大な数の人を苦しめたという積不善ゆえに、一人も漏れることなく、死後、おそらくは地獄界で暗黒の数千年を過ごす苦役の未来が待ち受けていると思われます。反対に、築いた富の大部分を人類の幸福や平和のために惜しみなく捧げた人は、その積善ゆえに、天国界に行くようです。積善の功績が一定のレベルを超えると、生まれ変わりを卒業して、天国界の高位階層に永住することができるだけでなく、子孫を導く守護霊としてのお役を頂くこともできるようです。これらのことも前世療法の症例記録の分析をするなかで判明してきたことです。

わたしたちにとって、**もっとも賢明なあり方とは、この世で幸せな人生を実現し、そして、死後も幸せであり続けることです。**肉体としての寿命を終えた後も引き続き、天国界やそれに近い素晴らしい高位階層の霊界に行って、霊界でも幸せな暮らしを実現するということです。もし、可能なら、生まれ変わる修業から卒業して、天国界の高位階層に永住権を得ること。さらなる向上をめざして、生まれ変わるにしても、そのときは、苦難に満ちた人生ではなく、この世でも明るく楽しく自己実現し、幸せに生涯をまっとうできるような人に生まれ変わることです。

そのような生き方は、「魂が喜ぶ生き方」であるといえるでしょう。これまで苦しみの多い人生を歩んできた人も、本書をきっかけに、魂を磨いて積善する努力を開始すれば、人生の流れを変えられます。あなた自身の幸せが成就し、あなたをとりまく周囲の人々にも、幸せをおすそ分けしていくことができることでしょう。さらに、もし、このような生き方をたくさんの人々が実行するようになれば、人類の社会はどんどん良い方向に向かうことでしょう。

現在の地球上には、さまざまな問題が存在します。国と国の争い、領土や利権の争い、人種や民族の争い、宗教の争い、価値観の争いなど。この世は争いや混乱に満ちており、矛盾や悲劇に満ちています。一握りの富豪が巨額の富を占有し、彼らがさらに金儲けをするために、戦争を誘発させたり、新型ウイルスをばらまいたり、副作用の大きい有害ワクチンを広めたり、さまざまな有害事象を引き起こし、社会に混乱をもたらしています。テレビや新聞も、大株主である彼らに支配されていて、情報統制されていますので、民衆は正確な情報を知ることができません。金の力で世界を支配する魔王のごとき人々の悪行によって、世界は混乱を極めています。これらの闇の支配勢力のことを最近では「ディープステート」と呼ぶようです。

多くの人が、「魂が喜ぶ生き方」に向かうことで、理不尽なこの世が、しだいに、理想社会に向かって進化していく可能性があると考えています。この世を支配する邪悪な力を打ち破り、調和した世界を創造するために、天国界からこの世に生誕してきた魂も多いようです。それらの優秀な魂を持つ人々も自分ひとりだけでは何もできません。良き活動をしようとする人を支えてくれる仲間が必要です。そのためにも、ひとりでも多くの人が「魂が喜ぶ生き方」に目覚めることが重要です。それによって、理想の社会へ向かう変革が進んでいきます。人生の困難や行き詰まりを抱えて右往左往している人は、世界の抱える問題や国のあり方など、どうでもよい問題に感じているかもしれません。ですが、そうした無関心こそが人生をますます暗い方向に向かわせてしまうのです。それは愛のない心であり、「魂が喜ぶ生き方」ではありません。愛することの反対は無関心ですから。

あなたが本書を手に取り、ここまで読み進めている時点で、あなたの魂は、なんらかの使命をおびた魂である可能性があります。「今回こそ、魂を磨いて積善を成し遂げ、神様のお役に立ちたい」と願って、この世に生まれてきた魂であるかもしれません。そうしたご縁がなければ、そもそも本書に出会うこともないし、本書に関心を抱くことさえもありません。すべての魂には、「このただよえる世をつくりかためなせ」との『古事記』の神勅のとおり、世の中をより良くしていくお役目が与えられています。そのなかでも、本書を読んで学ぶような人は、この世に生まれて来る際に、霊界で、強く発願をして生誕に臨んでいる魂である可能性が高いと考えられます。すなわち、**「今回の人生で積善の生き方を実行し、人類の理想的な社会を実現するために、神様のお役に立つようにがんばってまいります」と誓願して、霊界を旅立った魂である可能性があるの**です。

●「自分を愛する」だけでは何も解決しない理由

第一章では、自分の性格の偏りを改めていくと同時に、周囲の人の性格を把握して、それぞれに適切に接していくための方法を、魂の進化の観点から論じています。それは自他の心のあり方を整えて、想念をコントロールすることにつながります。なぜ、性格の偏りを改めることが重要なのかというと、性格こそが、わたしたちの行動を左右しているからです。善因善果、悪因悪果という因果応報の法則のもとに、魂はこの世での人生を送ります。生きていく過程で直面するさまざまな出来事に対して、それをどう受け止め、どう解釈し、そこからどう行動していくかによって、それが積善となるか、積不善となるか分かれます。

そして、**目の前にある事象をどう受け止め、どう解釈するのかは、わたしたちの性格傾向によって左右されてしまう**のです。積善の行動を重ねれば、人生に幸せが増し、願いも叶い、思い通りの人生に近づきます。反対に、積不善の行動を重ねれば、しだいに運勢が下降し、思い通りにならないことが増えて、幸せを感じにくい人生になります。それゆえに、幸せな人生を実現するための第一歩は、自分の性格を改めていくことなのです。しかしながら、自分の性格を客観視し、良くない傾向を見つけ出し、その部分を修正していくことは簡単なことではありません。「性格なんて、なかなか改まるものじゃない。一生改められない」と感じている人も多いのではないでしょうか。確かに、一般的には性格を改める修養は難しいものとされています。ですが、**自分のパーソナリティの傾向を知り、愛着障害や愛着スタイルについて理解することで、自己を客観視できるようになると、性格の偏りを緩和することができるようになります。**その結果、積善の実践が進み、積不善を減らすこともできるのです。すると、積善の果報によって開運し、幸せが増していくのです。

最初に、「自他を愛する」ということについて、理解を深めていきます。巷には「自分を愛しましょう」とか「わがままに生きてよい」とか、耳に心地よい表現で、エゴイズムや自分中心主義を正当化する声があふれています。そうした取り組み方をする限り、あなたの人生に奇跡的な開運を起こすことは難しいでしょう。「自分さえ良ければそれで良し」とする心で生きる限り、その人に天運が授かることはないからです。また、反対に、愛するとは自己犠牲をすることだと思い込んでいる人もいます。他者の理不尽な要求を受け入れることが、他者を愛することなのだと考えている人もいます。このような間違った受け止め方も、自分を不幸にして人生を歪めてしまいます。自分を愛することと他者を愛することは、両立できない問題ではないのです。

令和の時代になって、「もっと自分を愛しましょう」「がんばらなくていい」「もっとわがままに生きればいい」「良い人をやめたら楽になる」といった自己啓発系の本に人気が集まっているようです。これらの言葉は、自分を愛することを許可する内容といえます。こうした呼びかけが受け入れられるのは、それだけ、自分を愛することを許可できず、苦悩している人が多いからです。

母親、父親あるいは祖父母などの保護者が、幼い子に対して、保護的、受容的、共感的に接することで、幼い子の心は健全に育ちます。ところが、**保護者が、過干渉、束縛、支配、暴言、虐待、暴力、あるいはネグレクト（育児放棄）など、不適切なかかわり方をすると、子は愛着障害と呼**

ばれる状態に陥ります。愛情や信頼による愛着の形成が上手くできず、慢性的な愛情不足の状態が続く結果、「自己肯定感が低い」「見捨てられるかもしれないという不安を抱えてしまう」などの傾向が出るのです。

親に「あなたは要らない子」とか「生まれてこなければよかったのに」というような存在そのものを否定される言葉をぶつけられたり、「なんでこんなこともできないの！」などと、日常的に罵倒されたり、暴言を浴びせられたり、束縛されたり、虐待されたり、暴力を振るわれたりしていると、子は「自己肯定感が低い」状態になります。そして、「見捨てられ不安」にとらわれるようになるのです。これが**愛着障害**の状態です。かつては、このような親がいる家庭を「機能不全家族」と呼び、そこで育った人のことをアダルトチルドレンと呼びましたが、近年は、愛着障害という言葉が使われるようになっています。そして、一見すると普通の家庭だとみなされるような家でも、愛着障害が発生していることもわかってきています。兄弟姉妹がいて、下の子だけを親が過剰にかわいがり、上の子には、「あなたはお姉ちゃんだから我慢しなさい」といった差別的対応をしたケース。反対に上の子ばかりを「あなたは長男だから」と特別に優遇して、下の子をないがしろにしたケース。このような親による兄弟姉妹の差別的な対応も愛着障害を引き起こすのです。

そして、愛着障害を抱える親に育てられた人は、共感的、受容的なかかわりが不足するため、愛着障害を抱えて育つことになります。つまり、愛着障害が連鎖していくのです。さらには、学校教育の劣化がそれに拍車をかけて、子への適切なかかわり方がわからない親が増えているのです。戦前の教育では修身の授業で、親子の愛情に満ちたかかわり方の物語をしっかりと教えていましたが、戦後教育では、多様性の名の元に、こうした道徳教育が崩壊しているのです。

共働きの夫婦が増えて、乳幼児期から保育施設に預けられることも、愛着障害が増加する大きな要因です。保育施設での保育士による虐待のニュースが跡を絶ちませんが、事件にならないギリギリの事例は巷にあふれているのです。すべての保育士が、母親がわが子を愛するほどの愛で幼子を包み込めるとは限らないというのが、実状と言わざるを得ません。そして、どんな優れた保育士の愛よりも、慈母の愛に勝るものはないのです。多くの幼子たちは、保育所に連れていかれるとき、それを悲しみ、母を求めて泣くのです。ゼロ歳児保育を始めとする乳幼児の保育施設の普及が愛着障害を増やしている側面があることは間違いないと考えられます。

現代は、愛着障害となって、自分を愛することができなくなっている人が増えているので、「もっと自分を愛しなさい」と説く自己啓発書やカウンセラーが流行るのです。ですが、「自分を愛する」ことは、「他者を愛する」ことと両立し、そのバランスがとれている必要があります。くだんの自己啓発書を間違って受け止めると、自分を愛することだけに意識が向かい、自己中心主義、エゴイストになってしまう危険性もあるのです。

注意すべきことは、愛着障害の人のすべてが「自分を愛する」ことができなくなるわけではないという点です。反対に「自分しか愛せない」状態になる人もいるのです。この場合は、他者を愛することができず、利己的な思考にとらわれます。このような自己愛の塊のような人に「もっと自分を愛しなさい」と助言することは逆効果となります。

愛着の傾向を愛着スタイルと表現します。愛着スタイルは、**不安型愛着スタイル、回避型愛着スタイル**など、いくつかに分類されます。そして、**愛着スタイルは、パーソナリティに偏りが生じる土台となります。**偏りの現れ方にはいくつかの種類があります。偏りを緩和していく際の方向性が、それぞれに違います。その区別をすることなく、十把一絡げに「もっと自分を愛しましょう」とアドバイスするだけでは、うまくいかないのです。そこで、本書では、パーソナリティの偏りの種類について理解を深めて、自己の魂を磨く上での羅針盤とします。ただし、本書は精神医学を説くのが目的ではなく、あくまでも、魂を磨く生き方に対して寄与する範囲内での解説となります。そのため、必ずしも医学的見解とは一致していないことをあらかじめおことわりしておきます。

パーソナリティの分類と魂の進化

●パーソナリティ障害とパーソナリティスタイル

パーソナリティ障害とは、パーソナリティ（人格）の偏りの程度が、**日常生活、社会生活に支障をきたすほど大きい場合に医師によって診断されるものです。**パーソナリティ障害の分類には諸説ありますが、おおむね十種類から十数種類に分類されます。愛着障害の状態をベースにして、思春期頃から症状がはっきりと現れはじめ、成長するに伴い、症状が悪化していくといわれています。そして、年をとると症状が緩和されていくこともあるとされています。パーソナリティ障害は、性格や個性の傾向が極端に現れた結果、社会生活に障害をきたしたものです。パーソナリティ障害になると医療の手を借りなければならないことも多くなりますが、パーソナリティの傾向や偏りは、本来、誰にでも存在する個性です。その個性が、社会生活に適合するレベルなのか。それとも社会生活に困難を生じるレベルなのか。ということであり、この二極のあいだにはグレーゾーンの領域が広く存在しています。すなわち、パーソナリティ障害と医師に診断されるほど極端ではないが、その傾向があるという人はありふれているのです。社会生活に適合できているレベルからグレーゾーンの領域までを含めて、それぞれの性格の緩やかな偏りをパーソナリティスタイルと呼ぶならば、その偏りは、病的なものではなく、誰でも持つ個性と呼んでよいものです。

大事なポイントなので、繰り返しますが、**パーソナリティ障害とは、人格の偏りが社会生活に支障をきたすほどになった状態を医師によって診断されるものであり、パーソナリティ、あるいはパーソナリティスタイルと呼ぶ場合は性格の個性であって、障害ではない**ということです。そして、パーソナリティ障害とパーソナリティスタイルは、同一線上にあるものを、程度の差によって区別しただけということです。ですから、精神障害のような概念とは違うものであるということをご理解ください。

パーソナリティスタイルの偏り方には、何種類ものタイプがありますが、パーソナリティ障害の分類を参考にして、代表的なタイプを知ることが、人間理解を深める観点からも魂を磨く観点からも有益です。パーソナリティに偏りが生じる方向性を知ることで、あらゆる人に対して自在な対応ができるようになります。同時に、自分自身を客観視できるので、自分の人格を向上させるうえでも、指針を与えてくれるのです。パーソナリティの偏りは誰にでもあるのであり、その現れ方には、いくつかの種類があります。そして、偏りを緩和していく際のベクトル（方向性）が、それぞれに違います。パーソナリティ障害の分類をベースに、パーソナリティのタイプについて理解を深めましょう。本書では、特に重要な「自己愛性パーソナリティ」「境界性パーソナリティ」「回避性パーソナリティ」「強迫性パーソナリティ」「依存性パーソナリティ」「演技性パーソナリティ」「妄想性パーソナリティ」「潜在的攻撃性パーソナリティ」「反社会性パーソナリティ」について理解を深めます。なお、本書におけるパーソナリティ障害や愛着障害の医学的な解説に関しては、主に、精神科医である岡田尊司さんの著書を参考にさせていただいています。巻末に参考文献としてあげていますので、関心のあるかたは学んでみるとよいでしょう。

●自己愛性パーソナリティ

最初に、**自己愛性**パーソナリティから説明します。これは愛着障害の結果、自己愛を増大させることを生き残り戦略としたために生じる偏りです。自分しか愛せない状態です。自分を過大評価し、ほめられたい、尊敬されたいという思いが強く、反対に否定されると極度に怒ります。否定されたことを根に持つこともあります。このパーソナリティの傾向を持つ人は、周囲の人に自分のやったことを自慢して話したがります。そして、その話に他人も同調してくれると思い込んでいます。基本的に、自分の話ばかりして人の話にほとんど関心を示さない傾向があります。

良い人間関係では、相互に共感力を発揮し、雑談でも楽しい会話が続くものです。雑談が楽しいものとなり、安心感や満足感をもたらすとき、人は和合できます。そのためには、相互に相手に関心を持ち、会話がキャッチボールになっている必要があります。一方だけが、自慢話を続けたり、自己主張や愚痴を続けるようでは、それを聞かされる相手は、苦痛を感じるのみです。会話は、双方向であって、話す分量もおおむね均等であるとき、盛り上がるのです。ところが、自己愛性パーソナリティの傾向がある人は共感力に乏しいため、このように相手に配慮し、相手に共感するということができないのです。その結果、人の話は聞かず、一方的に自分の話を延々と続ける傾向があります。

自己愛性パーソナリティの人は自分にしか関心がなく、虚栄心が強く、他人が自分をどう見ているかばかり気にする傾向があります。その結果、自分を誉めてくれる人とは機嫌よくつきあうことができますが、自分の自己中心性を指摘してくるような人は敵視します。自分のミスや間違いを認めようとしません。ほんとうの自尊心を持っているわけではなく、本質は自己肯定感が低いので、ちょっとした批判や非難にあうと、自尊心が強く傷つけられます。学校や会社などの人間関係でも、注意されたり、否定されることは大嫌いです。人の忠告を素直に受け入れるようなことはほとんどしません。

自己愛性パーソナリティの傾向が顕著になると、周囲にいる弱い立場の人に対してハラスメント（相手の嫌がることをして不快感を覚えさせる行為）を繰り返して多大な迷惑をかけるようになります。ハラスメントの結果、責任をとらされて職場から追われる場合もあります。あるいは、職を転々としたり、反動で引きこもりになるケースもあります。あるいは、職場や学校などのオフィシャルな場では毒牙を隠して上手く立ち回って、プライベートでは本性を現すタイプもあります。このタイプは、会社や社交の場などでは、本性を上手く隠して良い人を演じます。その結果、異性との交際でもボロを出すことなく、結婚までこぎつけることもあります。この場合も、しだいに配偶者やわが子に対して暴君ぶりを発揮するようになって、家族を困らせるのです。立場の弱い相手に対してハラスメントを繰り返し、モラハラ、ＤＶなどの問題を起こします。そして、毒親、毒夫、毒妻などと呼ばれる存在になるのです。

自己愛性パーソナリティの人は、グレーゾーンの程度にもよりますが、しだいに傲慢でワガママな人物とみなされ、他者から嫌われて孤立します。そのくせ、無視されることに対して異常なほど怒ります。うまくいかないと「自分には何のとりえも無い」と極端に落ち込み、怒りを他人に向けます。「バカにされた。変に思われた」とすぐに傷つきます。他人より優れている自分とダメな自分、極端な二つの自分を行き来する傾向があります。

親が結果でしか子を評価せず、失敗したとき無視するような扱いをしていたことが原因で起きる愛着障害は、自己愛性パーソナリティを形成しやすいようです。誰かに評価されるような自分でなければ存在を許されないという恐怖感を無意識のうちに抱えています。失敗する自分、他者に批判される自分は、自己愛性パーソナリティの人にとっては、あってはならないことなのです。そのくせ、他者への批判や攻撃は平然と行います。他者に対する共感力が欠如しているからです。

完璧な自分しか許せない人は、他者も自分の望み通りにコントロールしようとします。無条件で愛されたことがないので、自分も他者を無条件で愛することができないのです。このような自分の傾向を本人が自覚し、改める努力をすることで、偏りは緩和されていきます。共感力を身に着け、対人スキルを学ぶことで、少しずつ他者への配慮、思いやりができるようになり、異常性が目立たなくなっていきます。自覚がないうちは改まりません。このような自己愛性パーソナリティの人に対して、「生きづらさから解放されるために自分をもっと愛しましょう」とアドバイスすると、どうなるでしょうか。ますます自己愛性の傾向が強化され、周囲との和合は失敗し、人生に行き詰まることになるのです。

したがって、自己愛性パーソナリティの人は強すぎる自己愛を抑制して、他者の心情に対する共感力を育てる必要があります。**他者にも自由意志や尊厳があることを直視し、他者との和合の**

ために、他者の気持ちに共感し、心情を汲み取り、他者が不快になるような言動を慎む訓練が大事です。周囲の人が、安らかな心で過ごせるように心がけるのです。すなわち、利他の心を修養する必要があるといえます。他者の自由意志を尊重し、他者の感情や思考を尊重し、他者との協調ができるように訓練を重ねるべきなのです。自分よりも他者をもっと愛することを心がけなければなりません。

自己愛性パーソナリティの人は、物事を勝ち負けで論じたり、上下関係、支配と隷従の関係で見る傾向があります。この世界観を根本的に改める必要があります。他者の自由意志や尊厳を許容し、利他の心にめざめることで、こうした思考の歪みも緩和されていきます。共感力を育て、縦の人間関係（上下関係）ではなく、横の人間関係（他者と同じ目線）を心がけることが大切です。

ところで、自己愛性パーソナリティの人は、他者から尊敬され、評価されることを熱望するため、それに向けて尋常ではない努力をすることもあります。その結果、学力をつけて進学校に進んで、その後、官僚や政治家、医師、弁護士、教師など、「先生」と呼ばれる仕事に就くことも多いです。そうやって、社会的地位を得ると、ますます傲慢になって、ライバルを排除したり、弱者を脅したり、いじめたり、パワハラ、アカハラ、モラハラなどを繰り返すようになるのです。学校ではいじめの首謀者になったりします。社会では、会社のなかで権力争いをしたり、弱い者いじめをするのです。家庭では毒親、毒夫、毒妻となります。

このような困った人たちは、自己愛を満たすために生きているのであり、世のため人のため国のためには生きていません。自己顕示欲、権力欲、功名心、名誉欲、支配欲、征服欲などを満たすために、身分や立場を悪用することもしばしばです。そのため、政治権力者や官僚機構にこういう人がいれば、その国は乱れていきます。このような人物が経営する会社や組織は最終的には衰退していきます。会社の特定の部署にこういう人がいれば、その部署は、一斉に退職者が出たり、社会的に批判を浴びるような問題を起こしたり、もめごとばかりが続くことになります。

医者にも、自己愛性パーソナリティの人がいるので気を付ける必要があります。患者さんを頭ごなしに叱る、周囲に響き渡るほどの大声で怒鳴りつけるなど、怒りの感情をあらわにして、威圧する医者がいます。テレビに出たり本を出しているような有名な医者や東洋医学の名医とされる医者にもいます。

もちろん、人の上に立つ人物のすべてがこのような困ったパーソナリティであるというつもりはありません。その反対に、利他の精神で、人々の幸せのために、国の繁栄のために、誠実な善意で、勉学に励み、進学校に通い、社会で活躍している人も多いのです。官僚や政治家、医師、弁護士、教師など、「先生」と呼ばれる仕事に就く人のほとんどは、むしろ、そういった善意の人であると思います。ですが、そこにわずかでも、自己愛性パーソナリティの人が混じることで、組織は調和を失い、政治は、権力欲の争いの場と化し、苦悩する人々が増えることになるのです。自己愛性パーソナリティの人が経営者になると、自分の権力や功名心のためにビジネスの拡大を図ります。政治権力にすり寄り、金の力でルールを捻じ曲げてでも、目的を達成しようとします。利他の精神がないので、戦争や混乱や不幸を利用して、莫大な金儲けを達成したりします。国際金融資本や軍産複合体を牛耳る大富豪にはこのタイプが大勢いると思われます。だからこそ、今も世の中は乱れているということです。

自己愛性パーソナリティと似た傾向があるパーソナリティが、反社会性パーソナリティ（サイコパス）です。これも、反社会性パーソナリティ障害と医師が診断するレベルのものから、そこまでいかないグレーゾーンのものまでさまざまです。こちらは自己愛性パーソナリティと比べると、より悪質です。**サイコパスの特徴として、良心の呵責を感じることがなく、罪の意識がないという点があげられます。そのため平然と嘘をつき、善人をうまく演じることさえできるのです。**大きな嘘を繰り返しつき、表面を飾ります。政治家のなかにもサイコパスであろうと思われる人は多いです。およそ、社会における組織の腐敗や人間同士の相剋や権力争い、利権の争奪戦などの背後には、必ずといっていいほど、自己愛性パーソナリティや反社会性パーソナリティ（サイコパス）の人物が、関与していると考えてよいでしょう。自己愛性パーソナリティと反社会性パーソナリティ（サイコパス）の共通点は、自分だけを愛するというエゴイズムです。反社会性パーソナリティのほうがより悪質であり、良心の呵責を一切感じることがなく、法を破ることや嘘をつくことや不道徳な行為に罪の意識を持ちません。

たとえば、遺産相続に関する訴訟などのトラブルは多いですが、健全なパーソナリティの人であれば、相続で訴訟問題などになることなく、親族が円満に話し合い、調和のうちに解決することを第一目標として行動します。なので、こういう人ばかりなら、相続に関する訴訟などは起こりません。ですが、関係者のなかに、自己愛性パーソナリティや反社会性パーソナリティ（サイコパス）の人がいた場合、彼らの第一目標は、自分がいかにして利益を最大化するかにありますから、必要とあれば、訴訟を起こしてでも、より多くの財産を得ようと動くのです。世の中の騒動やもめごとのほとんどが、このようなパーソナリティの偏りの強い人々によって起こされているということです。とある劇団で、劇団員が自分より立場が下の者に対してパワハラを繰り返し、最終的に自殺に追い込んだ事件がありましたが、このパワハラを行った者たちも、例外なく自己愛性パーソナリティや反社会性パーソナリティの傾向がある人たちであるといえるでしょう。このように、**社会におけるいじめやパワハラなどのハラスメントの根底にあるのが、自己愛性パーソナリティや反社会性パーソナリティなのです。彼らは、利他の愛がなく、自己愛しかないので、弱者が苦しみの末に自殺したとしても、なんとも思わないのです。**

もちろん、因果応報の法則からは誰も逃れることはできませんから、パワハラやいじめをした人間には、必ずその因果応報が戻ってきます。それはその後の人生で、人間関係の苦しみとして戻ってきて同等の苦痛をもたらすこともありますし、癌や病死などの別な形での苦痛になって現れる場合もあります。また、今生でうまく切り抜けて、つぐないの苦しみから逃れたとしても、死後は相応の地獄界に落ちることになると思われます。地獄界では、生前に自分が行った悪事の報いがそのまま戻ってきて何百年間にもわたり苦痛をもたらすようです。また、生まれ変わった後も、その罪が完全に浄化されるまで、今度は自分がいじめられる側の人間となって、いじめられるという運命のめぐり合わせに巻き込まれ、逃れられない形で、苦しむ結果となることでしょう。こうして因果応報の法則に裁かれる過程で、魂が学び、利他の愛の大切さに目覚めていくのです。

そもそも、日本国民は一億二千万人以上いる上に、わたしたちが、親しくお付き合いできる友人や知人になるような人の数は、人生全体を通しても限られています。それゆえに、幸せになりたいなら、お付き合いする人を選ぶべきです。自己中心な人や他人を支配したがる人や、悪意をぶつけてくるような相手とは疎遠にすべきです。その支配や影響から身を守り、害を受けないようにすることは当然のことです。たとえ夫婦や親子やきょうだいであっても、パーソナリティの異常な人がいたら、悪縁を断ち切ることで、自分の尊厳を守るべき状況はあります。

ですが、その一方で、**わたしたちは、愛と真心をもって積善を行うことで、魂を磨いて進歩向上するためにこの世に生まれてきている**のです。**自分を愛することと他者を愛することを両立できる道を模索し、「共同体への奉仕」の観点から行動するほうがより良い結果になる**場面もあるのです。このような場合は、相手を少しずつ善導して、自己を客観視できるように手助けするという試みを続けることになります。そのとき、相手が改心しない場合もありますし、改心するとしても長期間を必要とするものです。こうした取り組みの結果、自分が消耗し、心身を病んでしまうことがあってはなりません。無理は禁物です。

なお、医学的に**自己愛性パーソナリティ障害**と診断される基準は、以下のような症状が5つ以上みられ、その症状が成人期早期までにあらわれているケースです。

・自分の才能や成果を実際よりも誇張する
・過剰な賛美を求める
・特権意識をもち、そう対応されることが当然だと期待している

・自身の利益のために他者を利用することはいとわない
・共感力が欠如していて、他者の気持ちがわからない、または気づこうとしない。
・他者に対して嫉妬心を抱いたり、反対に他者から嫉妬されていると思い込む
・尊大かつ傲慢な言動が見られる
・成功、権力、美しさ、理想的な愛を手に入れているという空想にとらわれている
・自分は特別な存在であり、他の特別、または地位の高い人たちだけが自分を理解しかかわることができると信じている

職場の上司や同僚、学校の教員、配偶者や恋人や親などに、自己愛性パーソナリティの傾向が強い人がいると、人間関係において、たいへんな苦労を味わうことになります。このようなとき、どう対処すればよいか。もし、距離を置くことや縁を切ることができるなら、それがいちばん簡単な解決策となります。職場を転職する、学校を転校する、夫婦であれば離婚する、親子なら別居するなど、距離を置くことや、縁を切ることができる場合は、迷わずそうすべきといえるでしょう。ですが、どうしても、それができないという状況もありえます。

その場合、もし、相手がパーソナリティの歪みを持つことを自覚するように導くことができれば、問題が解決できる可能性が高まります。ですが、自覚を持たせることが困難な場合、対応を

工夫する必要があります。相手を怒らせないよう、うまく持ち上げて、良い気分にさせつつ、距離をとり、支配から逃れるように努めることで、身を守るしかないでしょう。賞賛や自己顕示への欲求を満たしてあげることで良い方向に誘導できることもあります。支配してきたり、何かを強要してくる場合は、覚悟を定めて、きっぱりと要求を断ることも大事です。特に、聞きたくもない自慢話や自己主張のひとり語りを延々と聞かされるのは、大きなストレスです。このような場合には、これ以上、その話を聞きたくないという自分の気持ちをはっきりと伝えて、会話を打ち切ることも必要です。そのことによって関係が悪化するかもしれませんが、それを怖れず、自己の尊厳を守ることを優先するほうが良いでしょう。トラブルが深刻化した場合には必要に応じて警察への相談や法的手段も検討されるべきです。

パワハラやいじめの被害を受けた人は、このような邪悪な人とどうしてかかわることになったのかと、運命を呪いたい気持ちになるかもしれません。ですが、悪縁の人との出会いも因果応報の法則に導かれて起こっています。避けられない形で降りかかってきた災難とは、すべて、自分の前世での積不善の因果応報として起きたことなのです。前世で誰かをいじめたから、今生ではいじめられる運命に出会うということなのです。親に虐待されたのなら、前世では自分がわが子を虐待していたのです。このことを悟って、運命を呪うことはやめて、自分の不徳の致すところであると受け止めることが重要です。

だからといって運命に流されるのではなく、苦難に負けることなく、乗り越えていくことが大切です。苦難と戦い乗り越えていくことで、魂は磨かれ、成長できるのです。苦難に負けて、死を選ぶことだけは絶対にしてはなりません。死を選ぶ以外に、切り抜けていくための道は必ず用意されています。悪縁のコミュニティから、我が身を引き離すことです。転居、転職、転校のほか、一時的には引きこもることも選択肢の一つです。

●反社会性パーソナリティ（サイコパス）

自己愛性パーソナリティと似た傾向を持ち、さらに悪質なのが、**反社会性パーソナリティ**です。**サイコパス**とも呼ばれるパーソナリティスタイルです。「**社会規範を無視する**」「**法律を守らない**」「**人を信じない**」などが特徴です。怒りやすく、すぐに暴力行為に走る、物を破壊するなどの行動が見られるタイプもあります。自分を常に正当化し、罪の意識はなく、無反省で刑罰を受けても改めません。借りたお金を返さない、責任ある親の機能が果たせない、一貫性のある労働行為を続けられない、非合法的な職業に進んでいくなどの行動が見られることがあります。嘘つきの傾向を持ちます。弱者へのいじめをしばしば行います。幼児期に「大切にされていない」と感じてきたことが原因の一つとされています。

転生回数が少ない魂であるほど、パーソナリティの偏りが大きい傾向がありますが、反社会性パーソナリティは転生回数がかなり少ない未熟な魂であると考えられます。ですが、能力が低い人ばかりではなく、特定の分野で能力が高くて社会の上層に上り詰めるサイコパスもいます。魂としての成長が極めてアンバランスになっているといえます。診断基準を満たすと、医学的に反社会性パーソナリティ障害という診断名がつくことになります。残虐ないじめ事件を起こし、被害者を川に突き落としたり、凍死させたりする犯罪者なども、その多くは、反社会性パーソナリティ障害です。**「人をいじめれば自分がいつかいじめられる」「人を殺せば自分がいつか殺される」という因果応報の法則を人生の早い段階で教えることで、彼らの悪行を抑止することができるかもしれません。**

教育学の分野では、「人間の幸福はその人間が受けた教育によって決まる」といわれています。教育現場で、魂の法則を子供たちが学べるような世になることを祈るばかりです。サイコパスも、対人関係を上下関係や勝ち負けの関係、支配と隷従の関係で見る傾向が強いです。あるいは、他人はすべて利用する対象と見ています。彼らを改心させる方法は教育しかありません。少しずつでも利他の意識を育て、因果応報の法則についての理解を深めることで、他者への慈愛や思いやりといった愛の念が育まれるようになります。「共同体への奉仕」の精神を育てるのは困難な道ですが、少しずつ教え導くしかありません。

このような未熟な魂が進化していくために、因果応報の法則が存在しているといえるでしょう。みずからの積不善の言動によって生じた因果応報の作用によって、自分が苦しむ立場に立つとき、はじめて、他者の心情を理解するようになるのです。あらゆる悪徳は、無知から生じるといえます。無知を啓蒙し、因果応報の法則や、魂を磨く生き方の大切さを子供たちに教えていくことが、社会をより良くする道だといえるでしょう。

寄生型サイコパスは、一見、善良な人に見えるサイコパスです。他人の善意に寄生する生き方を自己の目的達成の手段とするもので、人にすり寄るのが上手です。善意あふれる人は簡単に騙されて寄生型サイコパスの寄生宿主となってしまいます。寄生型サイコパスも良心は欠如しており、他人のものを盗むのが平気です。大学などの研究の場で、上手に人にすり寄って研究テーマを盗んだり、研究の業績まで横取りして出世して平然としている人がいますが、これは寄生型サイコパスです。腹の底ではいつも「こいつを利用してやれ」と思っているのです。表面的には誰からも好かれるような振る舞いをしながらも、裏では面倒な仕事を他の人にこっそりと押し付け、上司に叱責されると「わたしは必死で頑張っているんです」などと泣き落として丸め込むので上司も騙されてしまいます。

このタイプも自己愛を中心にして生きているのであり、利他の愛にめざめて生き方を改めるようになるまで、因果応報の法則によって苦しみ続けることになります。その苦しみに浄化されて、ようやく自己中心性を脱して、利他の心に向かうようになるのです。寄生型サイコパスについての知識があれば、このタイプの人間に利用されることから身を守ることができるでしょう。悪人に打ち克つには、悪人の悪賢さ以上に聡明になることです。無知であるから悪につけこまれるのです。そして、本書を学んで天運を授かる人になれば、神様のご加護によって、このような貧乏神との悪縁が自然に切れていくことでしょう。

潜在的攻撃性パーソナリティは、2010年に心理学者ジョージ・サイモン氏が提唱したパーソナリティのタイプです。相手の心を意のままにコントロールしようとする性格です。反社会性パーソナリティや自己愛性パーソナリティに含まれるタイプであると考えられます。自分の利益を得るために他者を支配するのが特徴です。**マニピュレーター**（他人の行動を操る人）とも呼ばれます。ジョージ・サイモン氏は『他人を支配したがる人たち』（草思社文庫）で、**他者に勝利し、相手を支配することが潜在的攻撃性パーソナリティの人のただひとつの生存法則である**と述べています。人間関係を「搾取する側と搾取される側の関係」としか見れない人なのです。このような世界観しか持てないのは、幼少期の保護者とのかかわりで、こうした概念を植え付けられるような虐待や束縛や支配を受け、心が深く傷ついて歪んだという背景があると考えられます。

かかわりを持ってしまうと、潜在的攻撃性パーソナリティの人はさまざまな悪影響をもたらします。家族や親戚に潜在的攻撃性パーソナリティの人がいる場合、距離を置くことで身を守る必要があります。職場で遭遇する潜在的攻撃性パーソナリティに対しては、相手を見破り、距離を置くことが最重要です。正体を見破るには、潜在的攻撃性パーソナリティの行動様式を知っておく必要があります。接する人によって態度を変える特徴があるため、ある人にはとても親切なのに、別の人にはとても横柄な態度をとります。この徴候を見たら、マニピュレーターである可能性を考慮し、距離を置いて、防衛することが大切です。

●境界性パーソナリティ

境界性パーソナリティ障害はパーソナリティ障害の代表ともいえる診断名です。社会生活が著しく障害されて医療機関に受診したとき、障害と診断されるものです。そして、障害とまではいかない軽度の傾向を持つグレーゾーンの人は多いと考えられます。**境界性パーソナリティの根底**

にあるのは幼児期に形成された「見捨てられ不安」と「強い自己否定」の観念です。「信頼している人に冷たくされた」「否定された」という経験を重ねて愛着障害になると、不安型愛着スタイルと呼ばれる不安定な愛着の状態に至ります。乳幼児期に、母親にしがみついてくる子を拒絶したり、冷淡な態度であしらったり、いつも否定的な言葉を投げかけられたりすることが原因となります。これが不安型愛着スタイルを形成します。そして、思春期以降に、子ども時代の見捨てられ不安と自己価値の低さが何度も再現され、本人を苦しめます。

子に対してなんでも否定する親、感情のままに冷たい仕打ちをする親がいると、子は不安型愛着スタイルとなり、しだいに境界性パーソナリティの傾向を持つようになります。その結果、学校や社会の人間関係においても、類似の出来事がきっかけで「自分は見捨てられた」と絶望する傾向が出ます。絶望から引きこもりになることもあります。あるいは、見捨てられないためにさまざまな過激な行動をとるようになります。

境界性パーソナリティの人は、日常的に感情の起伏が激しく、抑うつ状態になったかと思うと、突然怒り出すなど、感情にふりまわされています。「すぐに機嫌が悪くなる人」といえます。この情緒不安定のために対人関係もうまくいかないのです。その一方で孤独に弱く、常に誰かと一緒にいたがります。二分思考という認知の歪みを持っていて、物事を白か黒かで極端に決めつける傾向があります。他者を味方と思うと極度に理想化し、依存しようとする傾向がありますが、期待どおりに依存させてもらえないと感じると、今度は敵対視するようになったり、極端に揺れ動きます。親へのこだわりがとても強く、親から十分な愛情や保護を与えてもらえなかったことをひきずっています。

他人に見捨てられるのを極端に怖がり、どこまでのわがままなら受け入れてもらえるのか、他人を試そうとします。「この人は自分に好意的で支えてくれそうだ」と思うと積極的に近寄ってきますが、関係が深まり、注意されたり諌められたり、少しでも厳しい態度をされると執拗に執着します。完全に見捨てられたと思い込むと、手のひらを返したように批判し、敵対的な行動に出ます。そして、「対人操作」と呼ばれる行動様式を持ちます。これは、自分に同情的な人をそばに引きつけておくため、周囲の人間関係をこじらせる様な話をするというものです。

境界性パーソナリティは、自己肯定感を抱くことができず、自分という存在に対して不安を抱いています。その不安から逃れるために、他者に依存するのですが、同時に、他者を支配し、思い通りにしたいという欲求もあるため、その行動が複雑化するのです。ですが根本にあるのは、利他の愛が欠如し、共感力に欠け、自己愛だけが肥大した姿です。

境界性パーソナリティ障害と診断されるレベルまで至ると、自分を傷つける「リストカット」、

「自殺企図」「暴力」などの破壊的行為、「過食、自己嘔吐」「性的逸脱」「薬物、飲酒」「万引き」といった依存的行動が出ます。これらの行動の背景にあるのは、誰かの愛情を自分に引きつけたいという衝動です。もっと愛されたいという肥大した自己愛をどうすることもできないので、これらの代替行動に表現しているということです。

こうした傾向があることを本人が自覚し、その歪みを取り除くための意識的な努力を行えば、傾向は緩和されていきます。本人の自覚なしに改善することは難しいので、啓蒙、教育が重要です。その鍵は、過剰な自己愛を緩和し、利他の愛にめざめることです。自分も他者もどちらも適切に愛することができるように導くことが、パーソナリティの歪みを解消する道です。そして、これは魂を磨いて向上していく方向性と合致するのです。自己愛性パーソナリティや境界性パーソナリティの傾向を持ちながらも、人生哲学や古典の読書の研鑽をしたり、禅など仏教の教えを学んだりするなかで、過剰な自己愛を脱却し、利他の愛や慈悲にめざめて、人格を陶冶して性格改善していく事例も多いのです。

●回避性パーソナリティ

自己愛性や境界性とは偏り方のベクトルが大きく異なるのが、**回避性パーソナリティ**です。回避性という名のとおり、人とのかかわりを避ける傾向が強く、困難に立ち向かおうとせず、逃げる傾向があるのが特徴です。不登校や出社拒否など引きこもりになりやすいパーソナリティです。自分は人から好かれておらず、社会的に不適格で、魅力に欠けていると考える傾向があります。笑われること、恥をかくこと、排除されること、嫌われることを怖がり、社会的な交流を避ける傾向があります。自己肯定感が低いことへの対処法として、人とのかかわりから身を遠ざけることを生存戦略とするパーソナリティです。認知の歪みでいうと「悲観的予言」の傾向が強く、悪い未来を恐れて、挑戦や冒険を避けるのです。

失敗や傷つくことを恐れるあまり、積極的な行動や前向きな決断を避けてしまうので精神的に成長できません。対人関係を極力避け、何かにチャレンジしたり、新しいことをはじめることに消極的なので経験値が低いままとなり、人間力が磨かれないのです。友人関係を広げることができず、傷つくことのない数人の友達と過ごしがちです。社会的責任を負うような立場に立つことを嫌います。その結果、新しい情報や縁をつかみにくいので運が開きません。たくさんの人との交流の場に参加することは苦手です。人は誰でも、他者との関わりを通じて他者への共感力が育って、コミュニケーション能力が向上するものですが、そういった場を避けてばかりなので向上しません。他者の気持ちを推し量ることや、他者の感情に共感することが苦手です。

回避性の程度が軽度なケースは、いったん身内になってしまうと、ある程度、親密なかかわりができる関係になります。精神科医の岡田尊司さんによると、回避性パーソナリティを形成する土台となる愛着スタイルのタイプは、回避型愛着スタイルと、恐れ回避型愛着スタイルの二つです。回避型愛着スタイルから回避性パーソナリティに進んだケースでは、他者への無関心や共感力の乏しさが顕著になるようです。これに対して、恐れ回避型愛着スタイルから回避性パーソナリティに進んだケースでは、他者とのかかわりを怖れる一方で、心の奥では、他者との愛着関係を求めています。そのため、最初はガードが固く、他者と深い関係になることを回避しようとしますが、何かのきっかけで親密になることができれば、愛情の交流を求めるようになります。

問題となるのは、回避型愛着スタイルから回避性パーソナリティに進んだケースです。こちらは他者への無関心、共感力の乏しさゆえに、孤独を好み、結婚をしたいと思わない人も多いです。また、結婚しても子供を持ちたがらないことが多いです。子を得ても、子育てに積極的に関わろうとしません。この傾向がある人が結婚した場合、配偶者は心が満たされない状態になることがあります。恋人や夫婦においては、お互いに必要なタイミングで必要な言葉をかけて、コミュニケーションできることが相互理解のために重要です。ところが、**回避性パーソナリティの人は共感力に乏しいので、パートナーが求めている言葉や態度を推測することができません。それどころか、困っているパートナーを平然と無視したり、面倒なことから逃げようとするのです。**

このような事を繰り返すことで、パートナーは共感してもらえないことに苦しみます。また、思いやり、いたわりの言葉がない関係性に、しだいに虚無感を感じるようになります。そのうちに、パートナーのほうがストレスで心身を病むことさえあるのです。このような心身の不調のことを**カサンドラ症候群**と呼びます。カサンドラ症候群とは、情緒的な相互関係を築くことが困難であるために、身近にいる人に不安や抑うつなどの不調が起きた状態とされています。２００３年に心理学者がカサンドラ症候群と名付けていますが、診断名としては確立されていません。

他者に共感する力がないとは、それだけ愛や慈悲の念を発揮する機会が少ないということです。つまり、回避性パーソナリティの人は、積善の機会も少なくなるため、積善の果報で幸せが増すという流れも生まれにくいのです。このパーソナリティも、自己愛を優先する生き方となりますので、「もっと自分を愛しなさい」というアドバイスは逆効果になるばかりなのです。

回避性パーソナリティは、親が子に適切なかかわりをせず、ネグレクトのように放置されたりすることで起こる、回避型や恐れ回避型の愛着スタイルが原因といわれていますが、自閉スペクトラム症が関与しているケースもあります。自閉スペクトラム症も共感力に乏しい傾向がありま す。そして、自閉スペクトラム症は社会的コミュニケーションの障害を伴うことから、対人関係を避ける傾向を持つことも多いのです。

回避性パーソナリティの改善も、自己を客観視することから始まるのです。自分自身にその傾向があることを自覚し、改めていく必要があります。少しずつでも人とかかわることにチャレンジして、共感的なコミュニケーションを練習していく必要があります。小さな成功体験を積み重ね、新たな経験を積んでいくことで自信を養えば、行き過ぎた回避傾向は緩和されるようになります。回避性パーソナリティの人は、利他の意識も低いので、他者の幸せのために尽くす、利他の生き方にめざめるように導くことが重要です。利他の行動をするには、失敗を恐れず人々とかかわり、コミュニケーションをする必要があります。その経験を重ねるうちに偏りがしだいに緩和されていくのです。積極的に人とかかわることで、共感力もしだいに養われていきます。回避型などの愛着スタイル由来のタイプも、自閉スペクトラム症由来のタイプも、共感力を養うトレーニングが必要です。それには、対人関係の事例にたくさんあたることが大切です。小説やコミック、あるいはアニメなどで、対人関係の事例にあたり、具体的に学んでいくことで、他者とのコミュニケーションの具体例を知識として吸収していくことも改善を助けます。すなわち、人情の機微を学ぶという観点が大切になります。**人情の機微を学ぶことによって、回避性パーソナリティの傾向を持っている人であっても、しだいにその過度な回避性を緩和し、周囲の人との良き人間関係を構築することができるようになります。**

回避性パーソナリティの傾向を抱えている人の悩みのひとつに、異性との恋愛に踏み出せないことがあげられます。他者と親密になりたいという願望を抱きながら、回避性の人の持つ意識の壁が邪魔をして、前に進めないのです。このような人は、異性といっしょに仕事をしたり、趣味の活動をしたりできる環境をまず手に入れるとよいでしょう。親密度は接触頻度に比例しますので、頻繁に顔を合わせたり、会話をしたりする必要性があることで、しだいに意識の壁がとれていきます。そして、異性と相思相愛になるためには、相手からの好感度をあげていく必要があることを踏まえたアプローチが大切です。相手がまったく自分に好感を持っていない段階で、関係を先に進めようとしてもうまくいきません。好感をまったく抱いていない状態から、わずかに好感を抱く段階、明確に好意を抱く段階というように、相手の気持ちが進んでいくことで、恋愛というものは成就するのです。そのためには、何気ない会話から始まり、生き方や人生観に関する話題までコミュニケーションを深めていくことが大切になります。

もし、好きになった相手が、回避性パーソナリティの傾向を持つ人物であった場合、あなたが好意的に接したり、接近しようとしても、相手はそれを回避しようとし、なかなか受け入れてくれないかもしれません。そっけない対応を繰り返されることも多いかもしれません。そこで簡単にあきらめてしまうことは賢明ではありません。回避性パーソナリティの傾向を持つ人は、自分から積極的にアプローチすることはほとんどありませんが、相手を絶対に受け入れないということもないのです。そっけない対応をされることにめげることなく、繰り返しアプローチを続けるうちに、しだいに相手にとって身近な位置にいる状態が既成事実化すると、誘いに応じてくれるようになることもあるのです。

特に、恐れ回避型愛着スタイル由来の回避性パーソナリティの人の場合、そうやって関係性が深まると、長期的に安定した良好な関係が維持されるようになります。あちらこちらへと浮気せず、安定的な関係を長く維持できることは回避性パーソナリティの人の長所です。これは恋愛に限らず、仕事においてもあてはまり、回避性パーソナリティの人は、一つの仕事や職場にじっくりと腰を落ち着けて長く続けることができます。転職などの大きな変化を好まないためです。

●愛着障害、愛着スタイルと、パーソナリティの偏り

岡田尊司さんの『生きるのが面倒くさい人　回避性パーソナリティ』によると、愛着スタイルは四つに分類されます。安定型、回避型、恐れ回避型、不安型の四つです。安定型愛着スタイルは、率直で前向き。対人関係で絆の感覚が安定している理想的なタイプであり、愛着障害ではありません。回避型愛着スタイルは、人と距離を置き、自立自存を好み、何に対してもどこか醒めているタイプです。恐れ回避型は、人間嫌いである一方で他人の反応が気になり傷つきやすいタイプです。不安型は、見捨てられることに対して敏感であり、愛情や承認を求める気持ちが強いタイプです。それぞれのタイプからは成長につれてパーソナリティの偏りが発生します。回避型愛着スタイルは、自己愛性パーソナリティや反社会性パーソナリティになりやすく、共感力が低いため、相手の痛みや気持ちに鈍感という特徴があります。恐れ回避型愛着スタイルは、回避性パーソナリティになりやすく、他者に受け入れられるかどうかにひどく敏感という特徴がありま す。不安型愛着スタイルは、境界性パーソナリティになりやすく、見捨てられ不安と承認欲求にふりまわされる特徴があります。

人間関係において**大事なことは、相手の心に潜む愛着障害を癒すという観点を持つことです。**

愛着障害の要素が完全にゼロという人は、現代において稀であり、程度の差はあれ、愛着を満たしたいという願いは誰の心にもあるのです。そして、目の前にいる人の愛着はどうすれば満たされるかといえば、慈母や慈父が愛息子や愛娘に対して向けるような、共感的、受容的なかかわりの仕方を相手に向けることなのです。相手を支配せず、束縛せず、勇気づけると同時に、「愛している」ということをはっきりと言葉と態度で相手に繰り返し表現することが重要です。

恋愛マニュアル本などでは、相手をいじるとか、上から目線で相手を混乱させるというような、相手の感情をゆさぶって操作しようとするテクニックなどを目にしますが、決して賢明なやり方とはいえません。そのような手法で篭絡される相手というのは、たいていパーソナリティの偏りが強く、愛着障害の度合いも強い、難しい性格の人物なのです。そういう人との関係は一時的にはうまくいっても、長期的には不安定化し、破綻しやすいのです。

また、NLPの理論で相手の脳を操って落とすというような恋愛テクニックを主張している人も見かけます。NLPとは神経言語プログラミングの略称で催眠療法の理論を対人操作に応用しようとするものです。ですが、これこそ催眠療法の悪用であって積不善です。人間の心の奥には神様から頂いた神の魂の一部があり、人は誰でも守護霊に守られて、この世で魂を磨いているという霊的真理を知らぬがゆえの、一種の神への冒涜といえる考え方です。このような気持ちで人とかかわれば、やがては守護霊に見放され、それに入れ替わるようにハグレ眷属などの邪霊がとりついて、人生を破滅に導くと考えられます。黒魔術に手を染めた人間が、死後、地獄に落ちるのと同じで、人間の心をモノのように扱い、唯物論的な世界観でエゴイズムに染まり、人間を愚弄する者の末路は地獄ということになるでしょう。

人に向けて愛と真心を尽くしていけば、守護霊の応援があるので、恋愛や結婚に関する願いも守られて叶うのです。愛着障害について理解を深め、他者の愛着を満たす、癒すという観点で、ただ善の道をつらぬけば、その心に相応しい素晴らしい伴侶が授かるのです。自分から行動せず、待っているだけでは、神仏の加護も現れません。人とかかわる努力をして、人のために積善を重ねる生き方を実行することが大切です。

そして、誰かを好きになったなら、自分から動くことです。相手から来るのを待っていてはいけません。自分に向けられた相手からの好感度を推し量って、好感度の段階に相応しいアプローチが必要ですが、最終的には勇気を出して自分から気持ちを伝えることが大事です。もちろん、このような努力をしても、実らない恋愛もあることでしょう。その場合は、その人とのご縁がなかったのだと気持ちを切り替えることです。

この世で深い関係になる相手のほとんどは、前世でもその人となんらかのご縁があったのです。前世でも夫婦だった、前世でも恋人だった、前世で親子だった、前世で兄弟姉妹だった、親友だった、仲の良い先輩後輩だった、師匠と弟子だった、というような前世からのご縁があるからこそ、この世でもつながるのです。自分の魂が知っているし、守護霊様もすべてご存知のうえであなたを導いておられるのです。

●強迫性パーソナリティと妄想性パーソナリティほか

強迫性パーソナリティは、自分のルールに執着し、物事すべてにおいて完璧でなければ我慢できず、規則や順序にこだわりすぎるパーソナリティです。本棚に並べる本の順番を決め、少しでも順序が違うと気に入らないなど、自分のやり方を人に押し付ける傾向があります。時間を守ることに異常に厳しいなど、マイルールに執着します。日本人であれば、時間を守ることは常識だと思う人もいるかもしれませんが、強迫性パーソナリティの人の場合、許容範囲が異常に狭いのです。待ち合わせの時刻に5分遅れただけで「5分遅れましたね」と指摘したり、不機嫌な顔で出迎えたりするほどです。何に対するこだわりが強いかはさまざまなので、時間には比較的寛容だが、列の順番を抜かす人間には容赦しない、提出物の様式にこだわり、何度もやり直しを命じるなど、いろいろなパターンがあります。

いずれにしても、完璧主義の傾向が強く、自分の思い通りにならず信念が挫かれたとき、抑うつ状態になったり、激しい怒りにとらわれたりします。親の厳し過ぎるしつけに支配されて、親の価値観を推し付けられ、親との共感性が得られず愛着障害となったことが原因ともいわれていますが、自閉スペクトラム症が背景にあるケースも多いようです。自閉スペクトラム症も、物事への強いこだわりを特徴とします。

会社の上司が強迫性パーソナリティの傾向があると、部下にいちいち細かいところまで自分のやり方を押し付け、寛容性がない接し方をするので、部下が精神的に追い詰められて休職したりします。学校の教職員などにしばしばこのような事例を見ます。一種のパワハラとなります。結婚すれば、パートナーにマイルールを押し付けます。そして、親になると、同じように子に干渉し過ぎ、細かいことをいちいち注意します。子は親に気に入られようと必死にそれを守り、愛着障害になってしまいます。

このパーソナリティの歪みも、そこにあるのは他者への共感性の欠如です。他者の心情や思考を尊重することができないという点において、自己愛への偏り、利他の意識の欠如があるといえます。**自分の価値観や尺度に対する過剰な自己愛があり、他者にはそれぞれ異なった価値観や尺度があって、それを尊重しなければならないという利他の意識と共感力が欠如しているのです。**この歪みも、強すぎる自己愛を抑制し、利他の意識と共感力を育て、他者への思いやりや寛容性が発揮できるように訓練することで、行き過ぎた強迫性の傾向が緩和されていきます。そのためにも自己を客観視し、執着心を手放し、他者に寛容になることをめざす必要があります。

妄想性パーソナリティは、被害妄想が強く、やたらと人を疑う傾向があります。猜疑心が強いため、周囲の人の言動を常に自分への悪意と受け止めます。裏切りを恐れ、極度に疑い深く、他人の言葉を自分への批判と捉えます。**根拠がないにもかかわらず、他人が自分を利用したり危害を加えようとしていると考えたり、悪意の無い言葉や出来事に、自分をけなしたり脅かすような意味があると思い込んだりします**。病院や役場の窓口などでしばしばもめるなど、同じようなパターンの「他者から迫害や蔑視など邪険な扱いをされた体験」を持っているという特徴があります。家族に対しても恨みや疑いを持ち続けて、激しく怒るなどの行動をとります。敵意や憎悪は悪想念であり、不運や不幸を呼び込んでしまいます。自分の悪想念で自滅していくような人生を送りがちです。親から見捨てられたり、親の言うことがコロコロ変わる、親が約束を破る、裏切るなどの仕打ちを受けたことが原因の一つとも考えられています。

被害者ポジションに立ちたがる悪癖が妄想性パーソナリティの人の特徴です。まわりの落ち度を見つけ出し、そこを責め立てて、自分が被害者のポジションに立つことで自己の正当性と存在意義を確認するという世界観です。このようにまわりのことをジャッジメントし、レッテル貼りをする世界観のままでは、いつまでたっても安住できる人生になりません。自分の抱えている世界観や人生脚本をどのような内容にするかで人生は違った結果になります。この悪癖を生きているうちに断ち切ることをめざすことが重要です。

演技性パーソナリティは、常に注目の的になろうとするパーソナリティです。言動が演技的、感情的で外見を気にします。舞台上の俳優のように大げさに自己を表現します。感情表現が豊かで生き生きしているので、友人はすぐにできるものの、それが長続きしません。付き合ってみれば、気まぐれで自分勝手な傾向があるためです。わざとらしさが感じられる友情表現が目立ちます。その結果、表面的な付き合いとなり、最終的には相手は離れていきます。また、虚言癖があるのも特徴の一つです。人を自分に惹きつけるために、嘘をつくのです。外交的で自分から他者に接近することはできますが、人格が未熟で内面的な魅力に乏しいため、人と深い付き合いができません。異性に対しては、その関心を惹くために、性的な誘惑をしたり、スタイルの良さを見せびらかす場合もあります。恋愛に関しても短期的な交際を繰り返すことが多いようです。虐待や、親の価値観が唯物的であることが原因で、このようなパーソナリティの偏りが生じると考えられています。

依存性パーソナリティは、自分で何も決められず、他人の助言なしでは何も出来ないパーソナリティです。自己肯定感が極度に低いことが特徴です。非難されたり、意見を否定されたりするとすぐに傷つきます。相手が間違っていると思っても拒絶されることを恐れて何も言えず、その意見に従ってしまいます。自分に自信がなく、力を持った人間に頼らないと「生きていけない」と思い込んでいる場合が多いです。自信に欠け、「自分のことを自分でする」能力について強い不安を感じています。自分には決められない、何をしたらよいかわからない、どうしたらよいかわからないといった弱音を吐くのが特徴です。親の過保護と束縛が原因の一つとされていますが、一見、普通の家庭に見えるような環境で育った人でも、この傾向を軽度に持つ場合があります。自分の意見を主張すると否定され、親の言うことを聞いたときだけ「良い子」と褒められて育った人に多いといわれています。

特に日本人は、ここまで極端でなくても、この傾向を軽度に持つ人は多いようです。**依存性パーソナリティの傾向を軽度に持っている人は、他者を軸にする思考に陥りやすいという特徴があります。他者を軸にする思考とは、行動の基準を他者の反応や評価や思惑に置く思考癖です。**たとえば、ブラック企業に勤めていて心身が疲弊している状況の場合、自分を軸にした思考ができる人ならば、迷うことなく職場を退職して、もっと労働環境の良い職を探して転職活動をします。ところが、他者を軸にする思考にとらわれている人は、「自分が今やめると同僚が困る。上司が困る。迷惑をかけられない」と考えてしまい、ボロボロになるまで続けるのです。そして、結果的に心身を病んで、うつ病になったり、寿命を縮めたりするのです。

依存性パーソナリティの傾向を持つ人は、他者の期待に応えようとする生き方を無意識のうちに選ぶ傾向があります。自分を軸にしておらず、他者を軸にしてその期待に応えようとがんばるものなので、自分の人生を生きてないといえます。**他者の評価を得たい、他者の期待に応えたい、他者にほめられたい、他者に「良い人」と思われたい、他者に「悪い人」と思われたくない、他者に「変な奴」と思われたくない、他者に嫌われたくない……これらの考えは、すべて他者を軸にする思考様式です。**

依存性パーソナリティの傾向がある人は、このような他者を軸にする思考様式に陥りやすいのです。よく見かけるのは、問題のあるパートナーと付き合っていたり、結婚していたりするのに、相手の問題点を直視しようとせず、ずるずると関係を続けるケースです。「この人は、わたしがいないとダメだから」「わたしだけがこの人を支えてあげられる存在だから」「なんとかこの人の心を救いたいから」という発想に陥って、現実を直視できなくなるのです。自己愛性パーソナリティの人と依存性パーソナリティの人がペアになると、特にこの状態に陥りやすいといえます。外から見れば、単なる支配と隷属の関係であり、別れるべきことは明白なのですが、依存性パーソナリティの人は、そのように自分を軸にして行動することができないのです。

このタイプの人に良い処方箋となるのが、アドラー心理学です。アドラー心理学は、フロイトやユングと並ぶ心理学における世界三大巨頭の一人とされる精神科医、アルフレッド・アドラーによって提唱されました。アドラーが説いた人生の処方箋は、「人生の主人公は自分」「他者への承認欲求を捨てる」など、依存性パーソナリティからの脱却を助けてくれる教えです。依存性パーソナリティに限らず、あらゆるパーソナリティの歪みを解消する努力の指針として、アドラー心理学は有効です。そのポイント部分を、魂を磨くという観点を交えながら以下に解説します。

●アドラー心理学のポイント

①人生とは自分が主人公の物語である（自己決定性）

アドラーは、人生の主人公は自分であると述べ、あらゆる行動は本人が自分で決定しているのだと説いています。**魂を磨く観点からも、意志力を強化すること、自ら決断し行動する勇気を持つことは重要です。すなわち、自分を軸にした生き方ということになります。**「やる気が出ないのではない。やる気をなくすという決断を自分でしているだけ。変われないのではない。変わらないという決断を自分でしているだけ」とアドラーは述べています。依存性パーソナリティの傾向がある人にとっての良き処方箋です。

②「原因」「過去」ではなく、「目的」に意識を向ける（**目的論**）

アドラーは、物事の原因を追究することよりも、目的を自覚すること、より良い目的を持つことを重視しています。これは、一見すると、前世からの原因と結果、つまり因果応報を考える世界観に矛盾するかのように感じる人もいるかもしれません。しかし、**輪廻転生**《りんねてんしょう》**の世界観においては、「魂の目的」をもっとも重視しているのです。魂は進歩向上するために生まれ変わっているのです。この目的を見失うことが不幸の始まりなのです。**魂の目的を悟ることが人生開運のスタートです。過去の原因をどれだけ追求したところで、それだけでは、今の現実は改善されません。魂の目的を自覚し、それに向けて着実に前進することで人生が好転するのです。その意味で、前世療法から導き出された魂を磨く生き方は、アドラーの目的論の思想と重なるものといえます。

③わたしたちは「主観」というメガネをかけている（**認知論**）

アドラーは、「認知」の歪みを解消することを重視しました。今日の認知行動療法につながっていく考え方です。アドラーは「引き寄せ」とは表現していませんが、認知は、想念のことでもありますから、引き寄せの作用を発揮します。「引き寄せの法則」は、「因果応報の法則」を言い換えているだけであり、心に原因が作り出され、それが現実の事象を引き寄せていく、原因と結果の法則なのです。想念が現実の現象になるという法則です。**良い思いは良い現実を引き寄せ、悪い思いは悪い現実を引き寄せます。善因善果、悪因悪果の法則です。どのような思いを持つかが、人生を左右します。そして、自分や世界をどのように認知するかで、どのような思いが生じるか決まります。**

アドラーは、認知をより良いものへ変えることを指導していました。認知行動療法において、代表的な「認知の歪み」が「悲観的予言」です。「悲観的予言」という認知の歪みを持つ人は、未来を悪く予測し、不幸や不運を予言するような思考のクセがあります。「どうせ、うまくいかない」「どうせ無理に決まっている」「また今度も失敗する」というように物事を決めつけていくのです。どんな物事に向かう場合でも、最初に負の側面を見ようとします。心に生み出す想念が、未来を作り出しますから、「悲観的予言」のような悪想念ばかり生み出す人は、幸せや喜びを引き寄せることはできません。まさに悪因悪果（悪い原因を作り、悪い結果を出す）です。このように認知の歪みに気が付いて、これを改めることは、魂を磨く修業として重要です。

認知の歪みがあると、歪んだ世界観を抱き、歪んだ人生脚本を書いてしまいます。それが、新たな悪しき原因となって、未来を悪い方向に歪めてしまう結果をもたらすのです。反対に、素晴らしい世界観を抱き、素晴らしい人生脚本を書いて、それを信じて前進すれば、それが新たな良き原因となって、未来を良い方向に好転させる結果をもたらすのです。

④他者からの評価へのこだわりを捨てる（承認欲求を手放す）

承認欲求を手放すとは、他者から承認されることを目的とした生き方をやめるということです。他者の思惑にふりまわされて生きるのではなく、自分の意志や思考を軸にして生きることをめざすのです。「親にこう思われるのが嫌だから、このように振る舞う」「会社の人にこう思われるのが怖いから、このように行動する」というように、**誰かの承認を得ることを目的にしている限り、幸せな人生を歩むことはできないのです。なぜならば、他者に左右され、他者にふりまわされる人生となるからです。すなわち「他者を軸にする生き方」を捨てて「自分を軸にする生き方」にシフトすることが大切です。**

この考え方は、心の安全基地となる存在を人に求めるのをやめることを意味します。ただし、この方向性だけが極端になれば、人とのかかわりを避け、孤独になっていくという間違った方向に向かいかねません。その弊害を緩和するために、アドラーは「共同体への奉仕」（共同体感覚）を説いています（後述）。

⑤他者を変えようとするのではなく自分を先に変える（課題を分離する）

課題を分離するとは、「子供のことで悩み苦しむ」「親や配偶者のことで悩む」あるいは「会社の人や友人知人のことであれこれ悩む」のをやめるということです。これらは、他人の課題と自分の課題が、分離できていないからだとアドラーは述べています。他人を思い通りにしたいというエゴが苦悩の原因になることもあれば、他人の問題を自分の問題だと錯覚してしまうことが原因になることもあります。他者の問題については、「そこから先は神仏や天地自然におまかせします」という境界線を引くことも大切なのです。他者と自己のあいだに、「一線を引く」ことができないと、いつまでも苦悩が続きます。

⑥「共同体への奉仕」こそが幸せになる道（共同体感覚）

アドラーは「共同体への奉仕」は自分を救い、真の幸福感を得る道なのだと説いています。これがアドラー心理学の核になるポイントです。共同体とは、家族、地域、組織、社会、国家などの人の集合体を意味する言葉です。**共同体への奉仕を志す人とは、愛と真心のある人なのです。**

すなわち共感力の高い人といえるのです。共同体への奉仕を志す心理状態のことを「共同体感覚」と呼びます。共同体感覚は、分解すると自己受容、他者信頼、他者貢献、所属感の四つで構成されています。自己受容は、「自分はありのままで良い、自分が好き」という感覚。他者信頼は、「周囲の人は信頼できる」という感覚。他者貢献は、「共同体の役に立っている」という感覚。所属感は、

「この共同体の一員」という感覚のことです。これらが満たされると人は幸福を感じるのだとアドラーは述べています。そして、この感覚は自分の内側から発生するものであり、自分を軸にした感覚なのです。他者の言葉や反応とは関係がありません。すなわち、**共同体への奉仕とは、いっさいの見返りを求めない心で行う善行なのです。これは積善そのものです。**

アドラー心理学の1番目から5番目のポイントを理解しても、6番目が欠けていればすべて台無しになるといえます。なぜなら、6番目を欠いた人は、温かい愛念も真心もない、共感力のない人間であるからです。共同体感覚こそ積善につながる心です。積善は善因善果の作用で、自分に幸せをもたらし、人生を好転させてくれるのです。コラム1で取り上げた袁了凡《えんのりょうぼん》の実話はこれを証明しているといえるでしょう。

●生きがいの追及の弊害とは？

生きがいは大切なものですが、生きがいを求めることだけを追及すると、さまざまな弊害がおこることもあります。哲学者カントは、人間として一番の価値は、「義務を果たすことである」と主張しています。カントは、なぜ、義務や責任を果たすことが大事だと主張したのでしょうか。

誰でも、自分の立場や役割があります。たとえば、人の上に立つ、あるいは人の親になる、という場面があります。あるいは会社の経営者であるならば、従業員や取引先やお客様の幸せや満足が重要です。親であるなら、子を守る、育てる責務があります。そういった義務を果たし、責任を果たすのは、根底に「愛」があるからです。ところが、もし、これらの義務や責任を放棄して、自分の生きがいだけを追及すると、エゴイズム、利己主義になる恐れがあります。自己中心主義が極端になって自己愛性パーソナリティ障害のようになってきます。自己愛性パーソナリティ障害は、他者の気持ちや感情にまったく無頓着です。つまり、自己満足や自分の生きがいがすべてなのです。自分の生きがいだけを追求する生き方は、このような自己愛性パーソナリティ障害のごとき行動様式に陥るリスクもあるのです。

他者の幸せのため尽くしたり、子を愛情をもって育てたり、あるいは人類愛をもって社会に奉仕するなどの行為は、すべて愛があるからできるのです。そのとき、義務や責任が必ず発生しているのですが、その責務をまっとうできるのは、愛があるからなのです。仕事をすることや結婚して家庭をもつことなどが、魂の向上に有益である理由は、そこに義務や責任がともなうからです。もし、まったくの生きがい優先、自由優先でいけば、いかなる仕事も家庭も成り立ちません。義務のなかに愛を学ぶ道があるということです。まず、義務と責任を果たしていく人間性がベースにあって、そのうえで、自分の生きがいや充実感を求めていくのが順序であるといえるでしょう。生きがいの追求が過度に行き過ぎた場合、一歩間違うと、エゴイズムに満ちた、冷たい心の人間になりかねないのです。

自由であればいい、好きに生きればいい、自分の生きがいを追及しよう、これらの言葉は確かに重要です。けれども、そこには、「利他の愛（隣人への愛）を忘れぬ範囲で」というただし書きがつくのです。魂の観点からは「死ぬまでに人様にどれだけ愛を尽くせたか」が重要になります。誰かのために見返りを求めない心で行動するとき、そこに愛ある行いが積まれます。これが積善です。自由も生きがいも、愛があってこそです。自分を愛するだけでは、まだ半分です。他者を愛して生きる部分もあって、はじめて、完全な愛をまっとうできるのです。過度の自己犠牲や、他者に支配されるような生き方はしてはいけませんが、「自分もよし、相手もよし、世の中もよし」という「三方よし」のバランスが守られてこそ、本物の生きがいがあるのです。

●利他性パーソナリティとパーソナリティ進化論

　ここまで複数のタイプのパーソナリティスタイルについて解説しました。これらは、単独で存在する場合もありますが、複数が併存している人も多いです。たとえば、演技性パーソナリティと境界性パーソナリティが併存していたり、自己愛性パーソナリティと妄想性パーソナリティが併存していたりします。パーソナリティの偏りは、愛着障害が何らかの形で関与しています。だからといって、すべてが親のせいというわけではないのです。前世での修養不足、転生の回数がまだ少ない未熟な魂であることが本当の原因です。

　成熟した魂の場合、どんなに試練の多い悪環境に育っても、それを克服して成長できるのです。未熟な魂であるから、環境に負けて歪んでしまうのです。そもそも、前世での積不善の因果応報によって、魂としての習熟度が低い親の子として転生したに過ぎません。たとえば、前世でわが子を虐待したから、今度は自分が虐待される環境に転生することになったに過ぎないのです。このことを悟れば、すべては「我が不徳の致すところ」なのです。

　ところが、**唯物論にもとづく、医学や心理学では、このような生まれ変わりや因果応報を無視して考えますから、どうしても、親のせい、環境のせい、というように原因を他者に押し付ける**

傾向となるのです。「自分は悪くない。悪いのは他者だ」という思考では憎悪が消えず、許しの心に到達することができず、運命を呪うばかりとなります。そこには救いがありません。

著者は、自身が運営している「魂向上実践塾」の塾生に、精神科医の岡田尊司さんの著書を読んで愛着障害や愛着スタイル、パーソナリティスタイルなどを理解するように勧めることが多いのですが、そこには大前提があります。それは、土台として、生まれ変わりの仕組みと因果応報の法則を理解している状態があることです。これがないと、愛着障害になったり、パーソナリティが歪むのは、毒親のせい、周囲の環境のせいという他責的な世界観になってしまうのです。これが医学や心理学という唯物論に依拠する世界観の大きな弊害です。これだと、どうしても「理不尽な運命によって苦しむわたし」という世界観になり、自分は何も悪くないのに、親にこうされた、環境のこんなひどい仕打ちを受けたという人生の物語（人生脚本）から脱却できません。他責的な世界観から抜けきれないのです。

他者を責めて、他者の責任を追求する姿勢で生きる限りは、人生に幸せが実現することはないのです。すべては生まれ変わりの魂の歴史のなかで因果応報の法則が作用した結果、あなたが生まれ変わってきたのです。その生まれ変わり先として、あなたが生まれた国、地域、家族、親が、因果応報の法則が正確に作用した結果、割り当てられたのです。

親が毒親だったと気づいたとき、「こんな毒親の子に生まれ変わるなんて、わたしは前世では毒親だったんだな。前世では今のわたしの親みたいに、わが子にひどい仕打ちをしていたんだな。被害者の苦しみを実体験して魂が学ぶために、神様がこの試練をわたしにお与えになったんだな。因果応報の法則が働いたんだな」と悟ることです。そして、生まれ変わりと因果応報の法則をふまえて、この瞬間、この瞬間に、良き種をまいて、良き原因を作り出して、未来をより良いものへと作り変えていく努力を重ねることが大切なのだと悟ることです。

これは他責的な世界観から、自責的な世界観への転換をもたらします。自責的と書くとネガティブな印象となりますが、言い換えれば、自分次第でいかようにも運命は切り開けるということであり、自分が自由であることを悟るということです。過去に起きた理不尽なことは、すべて「我が不徳の致すところ」なのですから、誰を恨んでも仕方ありません。神様や天のせいでもありません。そして、未来は、今の自分次第なのです。自分が今、良き種をまけば、良き収穫が未来にあるのです。良き種とは、魂を磨いて積善を重ねて、素晴らしい生き方を選ぶことです。**他者を恨まず、憎まず、愛と真心を中心に据えて、アドラー博士のいう「共同体感覚」を持って、自分の周囲の人々や日本の国のため、良きことを行い、良き影響を与えていくことです。**

そのようにして、毎日を過ごしていけば、運命はしだいに好転していくのです。現時点がどれだけ厳しい環境であろうと、どれだけ悲惨な過去を背負っていようと、今と未来は、これからの自分次第でいかようにも切り開くことができるのです。さらに、本書で説く天運を授かる生き方を実践していくなら、いっそう人生好転が加速します。これをふまえた上で、自分の愛着障害を癒すために、自分が自分の親となって、自分に愛を与え、自分を勇気づけ、言い聞かせて、育てるのです。また、パーソナリティの偏りは、その偏りのベクトルを客観視して、足りない部分を補っていくように、心がけていくのです。

パーソナリティスタイルの歪みを解消するには、本人がそれを自覚し、改めようと思い始める必要があります。自覚がない限り、なかなか改善されません。人格（パーソナリティ）が未熟であるのですから、その未熟さを成熟させていけば、克服は可能です。そのために因果応報の法則を悟ることです。善因善果、悪因悪果の作用がこの宇宙に存在すると悟ることで、自己愛の強い人ほど、自分を守るためにも、他者を理不尽に苦しめるような言動を避けるようになるでしょう。最初は自己愛から発してのことであっても、学びを深めることで、やがて、他者への共感力が育って、自己中心性を脱することができるようになるのです。

過剰な自己愛を緩和し、利他の精神に目覚めさせ、共感力を育てていくこと。これらの努力は、すべてのパーソナリティスタイルで共通です。そして、回避性や依存性の場合は、これに加えて、チャレンジ精神を育てること、意志力や忍耐力を訓練させること、自分で決断し、行動する練習を重ねることが、偏りを緩和するうえで重要となります。

本書を読むことで自分の現状を自覚できた人は、偏りを緩和していく方向で努力を重ねていくと、生きづらさから脱却できるでしょう。身近な人のパーソナリティの歪みを認識できた人は、その人々への関わり方を、より賢明なやり方へと変えていくことができるでしょう。あまりにも悪影響が強い場合は、その人と疎遠にし、距離をとることが最善の策です。それができない場合、相手の傾向を分析して、被害を最小限に抑える工夫が必要になります。自分を守るため、自分を軸にした生き方を大切にし、相手に巻き込まれないように境界線をしっかりと設定することが肝心です。

パーソナリティの偏りを緩和して、バランスをとっていくと、最終的にどのような状態になるかというと、それは**利他性パーソナリティ**（著者の造語）という状態です。**利他性パーソナリティでは、自分を愛すること、他者を愛することが、バランスよく両立しています。自己の尊厳も他者の尊厳もどちらも尊重できて、他者と協調、和合することができるのです。**自分を愛し、大切にすることができることはもちろんですが、それに加えて、利他の生き方が自然と実践できるようになります。自分を軸にする生き方がしっかりと確立している状態で、周囲の人々のために善意を向けて行動することができるのです。それは過度な自己犠牲ではなく、自己の尊厳が守られる範囲での行いですから、自滅することはなく、周囲と共存共栄していくことができるのです。アドラー心理学でいう「共同体への奉仕」が、自己犠牲ではないやり方で、調和的に行えるようになるのです。そのとき、対人関係は、上下関係や勝ち負けの関係や、支配と隷従の関係ではなくなっています。そうした縦の人間関係ではなく、横の人間関係つまり、他者を等しく尊重できる慈愛の心が育まれているのです。

仏教では悟った人のことを「完全円満な理想的人格」と定義していますが、利他性パーソナリティまで到達した人の状態は、完全円満な理想的人格に限りなく近いといってよいでしょう。人間にとって大切なことは、第一番目には強い意志力を養って、人生において努力を重ねる生き方ができるようになることです。休むことなく寿命が尽きる寸前まで、挑戦と努力を喜びとする人であることです。そのうえで、物事をすべて愛と真心をもって調和させ、もめごとを収めて、周囲の人々と和合することです。すなわち、過度の自己主張をひかえ、全体の調和と繁栄を考えて、自分のなすべきことを誠実にやり遂げて利他の善行を重ねて生きることです。そのように生きても、自分を世に表現できるし、自身を幸せに満たすことは可能なのです。これが利他性パーソナリティに到達した人の姿です。

どうすれば、この状態に到達できるのか。本書を最後まで読み進んでいくことで、その道筋が理解できるでしょう。ここまでの解説でわかるとおり、多くのパーソナリティの偏りにおいて「共感力の欠如」が問題となります。とりわけ、自己愛性パーソナリティ、境界性パーソナリティ、回避性パーソナリティ、強迫性パーソナリティ、反社会性パーソナリティにおいて、共感力の欠如が顕著です。共感力の欠如は未熟な魂の持つ特徴です。転生回数が少ない魂なのです。そして、依存性パーソナリティの場合は、主体性（自分の意志や判断を信じて行動する）や勇猛心（チャレンジ精神）が不足していることが問題となります。

そして、さらに大切なことは、**人間に依存するのではなく、宇宙創造主と守護霊に心のよりどころを置けるようになることです**。神仏の視点から、自分の在り方を客観視できるようになると、独善的で偏った世界観や、歪んだ人生脚本から解き放たれて、自己の本質を悟ることができるのです。

自己愛性パーソナリティを背景に、過剰な自己愛を抱き、がむしゃらに金儲けに走り、どこまでも権力を追い求める人もいますが、彼らはどれだけ学力が高かろうと、社会的ステイタスが高かろうと、お金があろうと、それらは非常に偏った形で能力を磨いた結果なのです。魂としては、とても偏った伸び方をしてきた生まれ変わりの歴史を持っているのです。**あらゆる能力のなかで、**

もっとも尊くて神に愛でられるものは、愛と真心を発揮する能力と、神ひとすじに生きることができる神を慕う心です。この最も肝心な魂の美徳を磨くことなく、枝葉末節な能力や余計な特徴ばかり磨いてきたのが彼らの実態なのです。

自己愛性パーソナリティの人は発言が過激なので、マスメディアの注目を集めることも多く、政界に進出したり、コメンテーターとして著名人に名を連ね、要職に就く人も多いです。すべて虚栄心と功名心の産物であり、まっとうな発言をしているようでも、本質は自己愛の塊です。批判されると烈火のごとく怒り、ＳＮＳなどで敵を罵倒する投稿を繰り返します。サイコパスの傾向があれば、これに嘘つきという要素が加わります。嘘を繰り返す政治家、国民に約束したことを平然と裏切る政治家などは、その典型例でしょう。このような人物が政治権力を握ると、民のための政治ではなく、自己愛のための政治をするので、外国勢力を呼び込んだり、移民を入れて金儲けに走ります。選挙で誰に投票するか迷うときには、候補者がどれだけ愛と真心を持って生きている人なのか、どれだけ日本国民の幸せを第一に考えている人なのか分析することが大切です。

自己愛性パーソナリティやサイコパスの人は、敵とみなした相手や格下とみなした相手には、無礼な態度で、ひどい罵倒を平然と行う特徴があるので、言葉使いを観察すれば見破ることができます。このような未熟な魂も、生まれ変わりの旅の過程で、因果応報の法則によって裁かれて、苦難を経験して浄化されていきます。すなわち、苦しみや悲しみを経験するなかで共感力を身に着け、利他の心にめざめていくのです。そして、何度も生まれ変わった末に、しだいに利他性パーソナリティに近づいていくということです。

あらゆるパーソナリティは、その偏りを緩和し、バランスをとっていくうちに、最終的に、利他性パーソナリティに近づいていくのです。すなわち、完全円満な理想的人格に近づいていくということです。共感力を磨いて、利他性パーソナリティをめざす際、大事なことは、自分を軸にした生き方を確立すること、そして、努力することを喜びとして生きることです。いかなるときもチャレンジ精神を失わず、積極的に人生に目標を掲げて進んでいくことです。世のため人のため神のために、見返りを求めることなく、善行を積み重ねていくのです。そうすれば、しだいに人生行路が好転していくことでしょう。

図　パーソナリティ進化論

すべてのパーソナリティスタイルは利他性パーソナリティの方向に進化する。

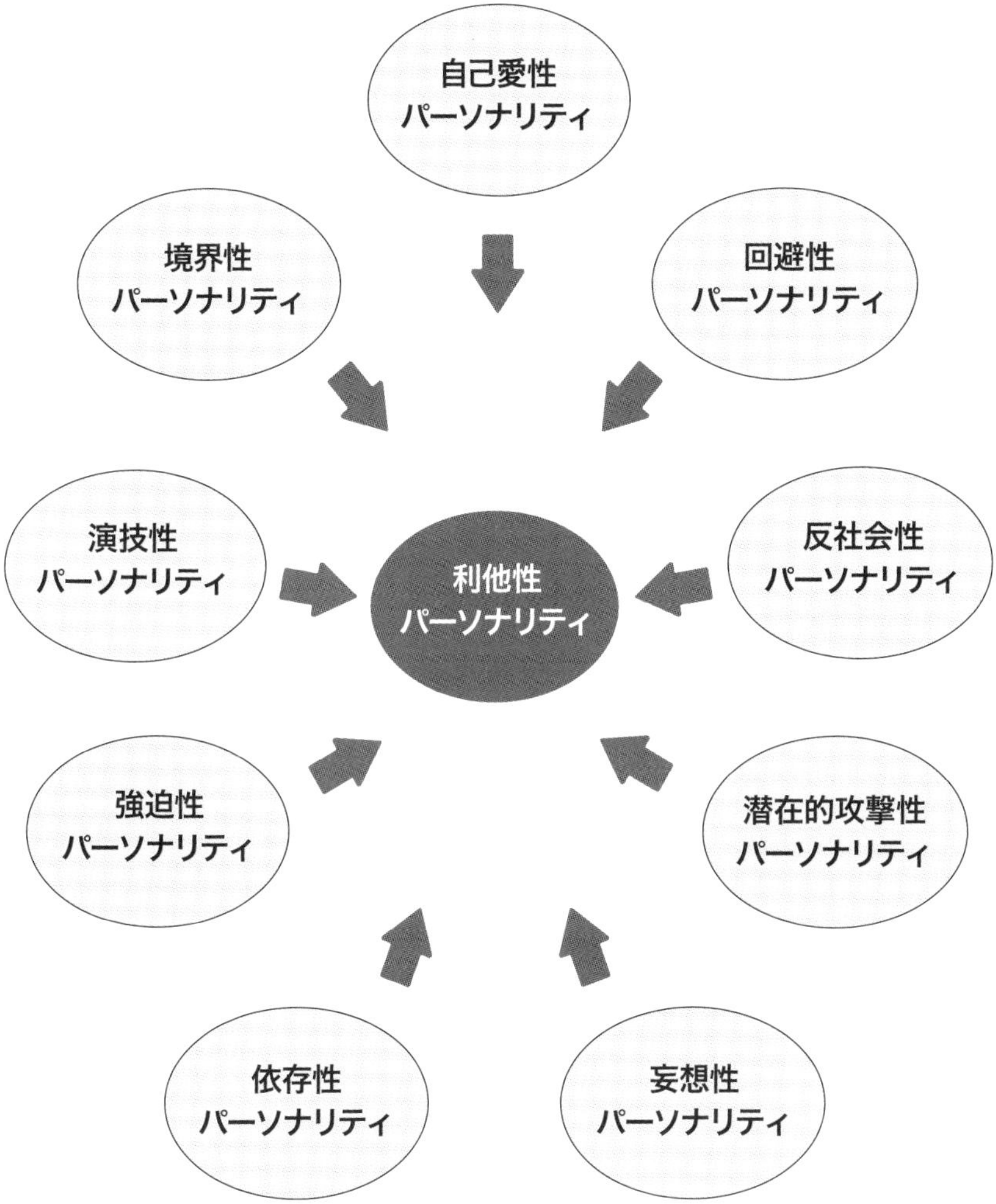

魂の向上とパーソナリティの改善

●結婚、離婚とパーソナリティ、カサンドラ症候群

パーソナリティスタイルについて学ぶことで、結婚や離婚に関する悩みの解決、婚活の取り組み方についても、最善の方向性が理解できるようになります。パートナーを得ようと行動するとき、候補となる相手のパーソナリティを分析することが重要です。相手の発する言葉や行動様式を観察することで、パーソナリティの偏りが過度にないかどうかを見極めることができます。

交際や結婚でいちばん苦労するのは、相手が自己愛性パーソナリティや反社会性パーソナリティ（サイコパス）の傾向を持っている場合です。言動を観察すると、飲食店の店員のミスに対して異常に厳しい言動で責めるなど、弱い立場の人には辛辣で冷酷な言動を浴びせる行動がみられるので、見破ることができる場合もあります。ですが、そうした機会がないと、このタイプの人はその場をとりつくろうのも上手く、特に、味方にしたい人や魅了したい相手に対しては「魅力的な好人物」を演じることが巧みです。そして、交際が始まったり、結婚して、相手を手中に

収めたと認識すると、少しずつ本性を現わしていきます。上から目線の言動、支配や束縛を試みる言葉、落ち度を責め立て心理的優位に立とうとする傾向など、異常性がちらつくようになります。交際期間中は本性を隠しきって、結婚したとたんに本性を現すケースもあります。見破ることができた時点で、勇気をふりしぼって別れることがもっとも賢明な対処法です。ですが、別れようとすると、いっそうこちらに執着し、絶対に別れまいとして、あれこれと策を弄したり、暴力や脅迫などの手段をとるケースもあるので、注意が必要です。そうした気配があれば、必ず、信頼のおける複数の友人知人や家族に相談をすると同時に、必要があれば弁護士や警察にも頼って身の安全を守ることです。

パーソナリティの歪みの強い人物を早い段階で見破り、深い関係にならないように避けていくことが、恋活や婚活における最大の注意点となります。自己愛性パーソナリティ、反社会性パーソナリティ、潜在的攻撃性パーソナリティは、とにかく相手を支配したがるので、見破ることができます。自分の自由意志が侵害されて不快に思うことをきっかけにして気づくことも多いでしょう。これらとは似ているようで少し違うのが、強迫性パーソナリティです。こちらは、マイルールを押し付けるのが特徴なので、なんでも自分が決め、判断して動くため、一見するとリーダーシップがある頼れる人という印象を持つことも多いのです。ですが、関係が深まるにつれて、何でもマイルールを押し付けてくるので、いっしょにいると居心地が悪くなります。また、マイルールが通らないと、不安定になり、イライラしたり、感情的になります。こうした傾向が観察されれば、要注意です。

早い段階で相手のパーソナリティの歪みに気が付いて、縁を切ることができれば、結婚生活の苦労は未然に防止できます。たとえ結婚してしまってからでも、気が付いたのであれば、離婚することが最善です。ですが、相手の性格の歪みに気が付いたにもかかわらず、問題をうやむやにしたまま結婚生活を続け、子供も生まれ、長い年月を経過してしまうケースも多いのです。その結果、パートナーの異常性に苦しむうちに、自分が適応障害や、うつ状態になったりすることもあります。これを**カサンドラ症候群**と呼びます。

狭義のカサンドラ症候群は、パートナーや家族が自閉スペクトラム症のために、情緒的な相互関係を築くことが難しく、その結果として不安や抑うつなどの不調を来す状態です。これは医学的な病名ではなく、心理学者によって提唱された概念です。典型例は、アスペルガー症候群の夫とそれを支える妻といったパートナー関係で発生します。自閉スペクトラム症やアスペルガー症候群の医学的な診断を受けていない場合も、その傾向を持っているグレーゾーンのパートナーであれば、カサンドラ症候群の原因になります。そして、自閉スペクトラム症の傾向がある相手以外でも、カサンドラ症候群の状態は起こることがあるのです。パーソナリティスタイルの偏りが顕著なパートナーや家族と暮らすことで、心身を病むものは、広義のカサンドラ症候群です。

たとえば、パートナーが回避性パーソナリティの傾向が強い場合も、カサンドラ症候群の原因となります。回避性パーソナリティの人は、共感力に乏しいため、妻や夫が、困っていたり、悩んでいたりして、相談に乗ってほしいという状況が理解できません。そのため、親身になって相談に乗ってあげたり、悩みを聞いてあげたりすることを面倒がります。せっかく相談しようとしたのに、早々に話を打ち切り、自室に戻って趣味に専念するなどの行動をとるのです。特に、女性は、子育てや子供の学校に関することなどで、相談に乗ってほしい事や夫の助言をもらいたい事も多いです。結論が出なくても、ただ、話を聞いてもらえて共感してもらうだけでも心が癒されるものです。ところが、こうしたコミュニケーションを面倒がり、避けるのです。

回避性パーソナリティの人は日常のなにげない会話はできるのに、重たいテーマの会話からは逃げ出すという傾向がみられます。こうしたストレスから、配偶者がカサンドラ症候群の状態になってしまうことも多いのです。

パートナーのパーソナリティスタイルの偏りがひどいため、離婚したほうが良いとわかっても、すでに長年、夫婦として暮らし、子供も育ち、経済的にも相手に依存しているために、行動できないという事例も多いです。このような場合、相手になんとかして病識を持ってもらえるように働きかけ、その結果、精神科や心療内科に受診し、パーソナリティ障害や自閉スペクトラム症との医師の診断を受けることで突破口が開けることもあります。医師のアドバイスを受けて、自分の対人行動の傾向を改善させようと、本人が努力を始めたら、問題が解決することもあるのです。ですが、このようなケースは残念ながら少ないといえます。ほとんどのケースでは、自分の異常性について、本人は否定します。ですから、こうした事例では、たとえ、中高年に達していたとしても、思い切って離婚に踏み切るということが選択肢の一つです。

そして、**離婚以外のもう一つの選択肢は、パートナーの異常性によってカサンドラ症候群の状態にならないだけの「鋼のメンタル」を自分のなかに育て上げて、問題を克服するという道です。**本書で説く、魂を磨く生き方を自分のなかに確立し、信仰力によって苦難を乗り越えていくことで克服する道もあるのです。離婚することには、大きな労力が必要です。子供のことや、その後の経済的な問題なども考えると難しいという人は、本書を繰り返し読んで、相手に負けないだけの不動心を培っていくことをお勧めします。それは、同時に、より大きな愛、より深い愛を持つ人となることでもあるのです。

著者の主宰する「魂向上実践塾」に参加することも一つの方法となるかもしれません。塾生になれば、回数無制限でメール相談ができますので、離婚しない道を選ぶ場合も、離婚を選ぶ場合も、困難を克服するときの心の支えになるでしょう。また、同じ志をもって魂を磨く生き方をしている仲間ができることも心の支えとなります。「魂向上実践塾」で学ぶことで、あなたも「鋼のメンタル」を手に入れることができるかもしれません。

●人にゆだねるのは依存、神にゆだねるのが信仰

自分を軸にする生き方とは、他者の評価や承認を必要としない生き方です。自分の価値観や人生観をものさしにして、自分の人生の進退を自己決定する生き方です。そして、そこからさらに進んで、**自分の価値観や人生観を進化させ、神様を軸とする生き方を会得することが、魂を磨くうえで最善の道**であることを、『魂の黄金法則』や『魂のみがきかた』で説いてきました。自分の人生をこの世に生きる他者にゆだねることは依存を生み出します。その相手が、人格円満な素晴らしい人物で、あなたのことを常に大切にしてくれる人なら、そのやり方でも幸せに生きることはできるでしょう。ですが、実際には、そのような理想的な人物は稀です。

それよりも、魂を磨く生き方を通じて、神の御心にゆだねていく生き方を選べば、神様というご存在はあなたを裏切ることはありません。神様には、裏切られることも、見捨てられることも

なく、搾取されることも一切ないのです。神にゆだねること、すなわち信仰的な生き方です。**ここでいう神とは、もちろんカルト宗教の神でもなければ、新興宗教の神でもなければ、狭量な一神教の神でもありません。因果応報の法則を作り出し、この宇宙を生み出した、宇宙創造主というべき存在です。**この神様は、わたしたちに何かを強要しませんし、命令もしません。犠牲も要求しません。ただ、魂を磨いて進歩向上することを望んでおられるだけです。愛と真心にめざめて利他の生き方で、この地球上の世界を素晴らしくしようとすることを願っておられるだけです。そして、人類に平和と調和を求めておられるのみです。その神様にすべてをゆだねて、神の御心にかなうような魂を磨く生き方をめざしていけば、心のよりどころは得られるのです。

誰かに依存しようとしてしまう心は、誰の心のなかにも存在します。それは、幼いころの心の残滓です。乳幼児というのは、母親に生存のすべてをゆだねています。母親に母乳をもらわないと生きていけませんし、安全の確保もすべて母親しだいです。乳幼児は母親に完全に依存してこの世に生存しているといえます。やがて、成長していくにつれて、親の膝元から離れて、外の世界とかかわりを持とうとします。幼児から小学校低学年のころまでは、外の世界と母親の膝元を行ったり来たりしながら、人格を形成していくのです。やがて、思春期を迎えると、自我が成長して、自分の人生を生き始めるようになります。

ですから、わたしたちの心の奥底には、完全に信頼でき、安心できる存在にすべてをゆだねたいという願望が眠っているということです。この心を普遍的な存在としての神様に向けることが、本当の安心立命に至る道なのです。人に向けるのではなく、神様に向けるのです。**神様が心の安全基地となることで、自分を軸にした生き方をつらぬいていく心の強靭性が育つのです。この状態を称して「神様を軸にする生き方」というのです。**

生育の過程で、保護者から、共感的、受容的に接してもらうことが不足すると、健全な自我の育成に支障が生まれます。これが愛着障害です。愛着障害を背景にして、パーソナリティの成長にも歪みが生じて、パーソナリティが偏ってしまうのです。とりわけ、転生の回数が少ない未熟な魂ほど、成育歴の与える負の影響を大きく受ける傾向があります。転生回数の多い、成熟した魂であれば、幼少時の劣悪な環境を乗り越えて、かえって困難をばねにして、精進努力を重ねて人生に成功していくのです。

過酷な環境をのりこえて立志伝中の人となった事例をわたしたちは数多く知っているはずです。偉人伝に残るような人々のなかに、このような事例を多く目にします。ですが、未熟な魂は、生育環境によって愛着障害となり、さらにパーソナリティ障害となり、歪んでいくのです。こうした魂も人生のなかで、正しい生き方についての啓蒙を受けることで、魂を磨く生き方に目覚めることができれば、そこから人生を立て直していくことができます。

そして、わたしたちが、何かにゆだねたいという本能のような衝動を向けるのに、いちばん安全で弊害のない存在が、本書で説いているような神様、そして魂を磨く生き方なのだということです。「人にゆだねるのは依存、神にゆだねるのが信仰」といえるのです。神にゆだねる生き方を会得すれば、人生の多くの苦悩から脱却できるようになります。

神様を心のよりどころとすることで、神を軸にする生き方に至ると、「良い人をやめる」ことができるようになります。人様の承認や評価に自分の存在をゆだねる必要性がなくなるからです。他者の前で良い人を演じるのをやめる。他者の評価を気にするのをやめる。どんなひどい評価をされても動じない。そんな自分になれるのです。すると、自由意志をしっかりと発揮できるようになります。その結果、自分が嫌だなと思うことはしない。自分が嫌だなと思う人には会わない。自分が嫌だなと思う人と無理にいっしょに過ごさない。ということができる自分になります。これが「良い人をやめる」の中身です。

自分を束縛してきた毒親や毒パートナーや毒上司の悪影響から自分を救い出し、その命令や強要から自分を解放することができるのです。もうこれ以上、他者の思惑にふりまわされなくなり、他者に苦しめられなくなります。

他者の思惑に支配されがちな傾向がある人ほど、自分に「〜しなくてもよい」という許可を与えることが大切です。がまんしなくてもよい。無理しなくてもよい。嫌なことはしなくてもよい。という事を自分に宣言することが大事です。ですが、それは、怠惰になることでもないし、試練から逃げることでもないのです。また、愛することや義務をまっとうすることから逃げることでもないのです。人生の主人公が自分であることを自覚し、魂を磨いて進歩向上して素晴らしい自分になるために、悪しき人や悪しき縁から、身を引き離すのです。それは逃げることではなく、方向転換であり、転進です。束縛から自分を解放するために、「自由に生きてよい」という許可を自分に与えることです。

依存性パーソナリティの傾向があって、他者の評価に右往左往する人は、その偏りを反対方向に動かして、偏りを緩和する必要があります。これに対して自己愛性パーソナリティの人の場合は、元来、自己中心的なので、もっと人の気持ちを考え、共感し、人の自由意志を認めることを意識する必要があります。いったん決めたことを軌道修正できないという、強迫性パーソナリティの要素がある人も、自分と他者を不自由に縛りがちです。この場合は、物事を柔軟に考えられるようにする心がけが必要です。強迫性パーソナリティの人は杓子定規に考えるのをやめること。もっと柔軟に、自由に、融通無碍に考えること。人も自分も束縛しないことを心がけることです。パーソナリティによって処方箋は変わるのです。

パーソナリティの歪みの根源にあるのは愛着障害の状態ですが、愛着障害を癒す方法は、自分が自分の親になることとです。**適切な愛情を与えてくれなかった親になりかわり、自分が自分の親となって、共感的、受容的なかかわりを自分に対して行うのです。良き親としての自分が、自分との対話をし、自分を勇気づけ、自分を慰め、自分を認め、自分をありのまま愛するということが、愛着障害を自己治癒させる道です。**このとき、神様を軸にする生き方をする自分が、自分の親になることが重要です。神様を軸にする生き方とは、魂を磨く生き方を第一にするものであり、この人生において愛と真心をもって積善に志すことでもあります。この方向性が定まっている自分なら、自分の親として、最善の自分育てをすることができるのです。

●発達障害や境界知能は治るのか？

発達障害は、自閉スペクトラム症やＡＤＨＤなどを指す言葉で、脳の発達のアンバランスがその本質であると考えられています。自閉スペクトラム症は、かつてはアスペルガー症候群とも呼ばれていました。これらの発達障害は、発達のアンバランスを改善させるトレーニングや食生活の工夫によって、ある程度、改善させることができるものです。トレーニングとしては、岡田尊司さんの『発達障害「グレーゾーン」生き方レッスン』や『子どものための発達トレーニング』などの書籍で学ぶとよいでしょう。また、食事の工夫に関しては、藤川徳美さんの『食事でよくなる！ 子供の発達障害（たんぱく質と鉄分の不足が子供を蝕む）』、『薬に頼らず子どもの多動・学習障害をなくす方法』などの書籍が参考になるでしょう。このように、改善させる方法は存在するのです。決してあきらめることなく、改善を目指していくことが肝要です。これらの特性は個性ですから、それが完全に別人のように変わるということはありませんが、生きづらさを緩和して、苦しみを減らすことなら十分に可能です。

それと同時に、**発達障害の人が持つ特性を周囲の人が理解して、長所を発揮できる環境を整えることも重要です。自閉スペクトラム症の傾向を持つ人は、ひとつの事柄に集中する力に秀でるので、地道な作業や研究などをすると大きな成果をあげることができるのです。**歴史に残るような発明家、音楽家、作曲家、文筆家、科学者、哲学者などには、自閉スペクトラム症（アスペルガー症候群）の傾向を明らかに持っていた人もたくさん存在するのです。

ところで、知能指数（ＩＱ）で、「平均的」とされる部分と、「障害」とされる部分の「境い目」にあたるところが、境界知能と呼ばれています。境界知能の可能性のある人は意外と多く、日本人の七人に一人程度です。学校で35人のクラスだと五人に相当します。自閉スペクトラム症のスペクトラムとは連続体という概念であり、重い症状から軽い症状までグラデーションになっていますが、これと同じように、知能指数も、健常なレベルと知的障害のレベルとのあいだには、グラデーションがあるのです。

知能指数(IQ)は、一般にIQ85〜115が「平均的」とされています。おおむね70以下は、「知的障害」の範囲です。その境い目にあたるのが、境界知能の領域です。その数は、統計学上は人口の約14%、1700万人とされています。境界知能の人は、他者の話や言葉を認知することが苦手でコミュニケーションが上手く取れません。また、勉強や作業に集中できない、漢字が覚えられないなど、学習の土台ができないまま成人を迎えるケースも多いのです。

日常生活に支障がなく、自分でも気づかないまま生きているケースもありますが、その一方で、日常生活や勉強、仕事、人間関係などで困難を抱え、生きづらさを感じている人も多いのです。**教育や福祉の支援を受けられずに社会的な孤立や経済的な困窮に陥り、罪を犯してしまうケースもあります。あるいは、うつ病になって自殺をしてしまう事例もあります。境界知能の人の大多数は、社会規範を守って普通に生活していますが、負の連鎖に陥っている人もいるのです。**

このような人も、少しでも早くトレーニングを受ければ、改善する可能性は高くなります。トレーニングによって出来ることが多くなると、自分に自信を持って成長していくことができます。

周囲の人が、気づき、理解してあげることが大切です。

境界知能の人は、認知機能において健常な人に劣ります。認知機能とは、見たり、聞いたりした情報を理解し、記憶する力です。国語や算数など学習の基盤になる力です。『ケーキの切れない非行少年たち』『境界知能とグレーゾーンの子どもたち』などの著書で知られる精神科医、宮口幸治さんは、絵を書き写すなどのパズル的なトレーニングにより、認知機能を向上させることができることを解明し、コグトレというトレーニングを考案、普及に努めておられます。

ここまで解説したように、発達障害であろうと、境界知能であろうと、適切な対処をして、適切な訓練をしていけば、しだいに改善していくものなのです。もちろん、それには一定の時間がかかりますし、最初から能力の高い人と、すぐに並び立つようにはいきません。

そもそも、なぜ、発達障害の肉体や境界知能の肉体にその魂が宿ったのか。それは、前世からの積み重ねの結果です。発達障害の肉体に宿る魂は、転生回数がまだ少ない段階の魂であると同時に、前世において諸能力を磨くうえで、バランスが悪く、偏りがあったと考えられます。その結果、特定の能力が非常に高いけれど、たとえば、社会的コミュニケーションに障害があったり、共感力に乏しかったりするのです。ですが、それは訓練によって少しずつ改善させることができるのです。

そして、境界知能の肉体に宿る魂は、生まれ変わりの回数がさらに少ない魂です。人間として生きた回数が極端に少ない、魂の後輩です。このような魂も、適切にトレーニングして、育てていけば能力が向上していくのです。前述の**精神科医、宮口幸治さんは、コグトレによって境界知能の人のＩＱが向上することを証明しています。**

こうした事実をふまえて国による支援を強化していくことが重要です。**発達障害や境界知能の問題を抱えて生きづらい状態にある人を支援し、救済する政策を国が十分に行うように政治をつかさどる者たちが心を向ける必要があります。**これは国の役目といえることです。学校教育の分野での対策の強化が必要です。就労支援の観点からの対策の強化も必要です。

教育の分野では教員への啓蒙も大事ですが、国が予算をつけて、人、物、金を投入していかないと物事は進みません。特に学校医がこの問題にもっと介入し、早期に発達障害や境界知能の人を診断し、保護者と情報を共有することが重要です。それが足りないばかりに、現場の小学校の教員がたいへんな負担を受けています。理解のない保護者からの一方的な責任追及やクレームのために、若い教員が心身を病んで現場から去っていくケースも多く、日本の国の未来にとって憂慮される問題となっています。生徒同士も互いに理解し、助け合えるように啓蒙していく必要があります。そして、社会に出たら、特性や長所を生かして適職について幸せに暮らしていけるように長期的に支援していく必要があります。

ところで、因果応報の法則に関して中途半端な理解をしている人のなかには、国家の福祉政策や弱者への支援について、「がんばった人からピンハネし、がんばらなかった人にお金を配るのはおかしい」と考える人もいるようです。ですが、これはたいへん間違った考え方です。そもそも、国家とは、国民全体を守るためにあります。ですが、国民には運が良い人と運が悪い人がいます。国家は、運が良い人は放っておいても幸せになれるので、運が悪い人のほうを優先的に救済することで、国民全体を守るという役目を果たすのです。たとえば、家が裕福で高額な塾に通えて東大に合格でき、一流企業に就職して勝ち組になった人がいるとします。この人は、そのように裕福で教育に理解のある親の元に生まれてきたということですから、運が良かったといえます。つまり、本人の努力もあったかもしれませんが、土台として、運が良かったのです。

反対に、貧困な家の子に生まれたら、高額な塾にも通えないし、家庭教師をつけるお金もありません。そもそも親がそこまで教育に熱心でないため、学歴をつけようと思わないことも多いのです。その環境のなかで本人ががんばったとしても、良い結果につながらず、上手くいかない場合もあるのです。それは運が悪かったということになるのです。

がんばったとか、がんばらなかったという問題よりも、運が良かったのか、運が悪かったのかという問題のほうが、大きいといえます。そして、その運の根源をたどっていけば、生まれ変わりの歴史のなかで働いた因果応報の結果ということになります。

ですが、**国家の役割とは、今、この時代に生きている人を国民として等しく守ることにあるのです。**その際、がんばった人と、がんばらなかった人の定義を厳密に行うことなど人の手に余ることです。がんばったけれど、運が悪くて貧困層となった人も多いのです。それらの人に対して、それはあなたの因果応報だから助けませんというのであれば、国家の役目を放棄したことになります。国民をひとつの家族として見るからこそ、国家というのです。

家のなかで家族の誰かが病気になったり、動けなくなったり、困った状況になれば、それを助けるのが家族というものです。国家も同じです。国家の役割とは、運が良かった人も、運が悪かった人も、共に幸せに暮らせる社会にすることであり、そのために、福祉政策や貧困層への支援があるのです。

「がんばった人が報われる社会」という言葉は一見すると、道徳的であるように見えますが、裏を返せば、「がんばらなかった人は報われない社会」ということになるのです。そして、がんばったのか、がんばらなかったのかを定義づけすることは不可能なことなのです。実際には、成功するのは運が良かったからであり、成功できないのは運が悪かったからなのです。そして、運が悪かった為に困窮したり、行き詰ったりしている国民にも救いの手を差し伸べて、国民全体が幸せに暮らせるように民を守るのが国家の役目なのです。

繰り返しになりますが、運、不運の根源にあるのは前世からの因果応報です。それが裕福な家の子に生まれるか、貧困家庭の子に生まれるかを左右します。さらに、生まれた後の本人の努力が新たな因となり運命を左右します。ひとりひとりの人間の観点からは、魂を磨いて積善を行うことが肝心であることは言うまでもありません。この話と、国家の役割は、別の問題です。

●魂を磨いて進化することは生まれてきた目的

わたしたちは、誰もが魂を磨いて進歩向上するために、この世に生まれ変わってきています。生まれ変わりの旅のなかで、魂の三局面である、意志、慈愛、叡智の要素を育成しています。そのために存在しているのが、因果応報の法則です。良き種をまけば良き実りを得て、悪しき種をまけば悪しき実りを得るという、この法則によって、知らず知らずのうちに、わたしたちの魂は進歩向上しているのです。転生の回数の多い魂は、過去の生まれ変わりのなかで、だますこと、奪うこと、殺すこと、虐げることなどがもたらす因果応報の作用をたっぷりと味わって、それが良くないことであると体得しています。

まだその段階に到達していない未熟な魂たちも、因果応報の法則の作用を受けて、今生で行った罪のつぐないを必ずすることになっています。もし、今生のうちに、つぐないがなされない場合は、残りは死後の霊界生活と来世になされることになります。ですから、どんな極悪な人間も、生まれ変わりの旅のなかで、いずれは、邪悪な心はすっかりと洗い落とされて、神の子にふさわしい心の境地に到達していくのです。それは愛と真心を持ち、自分の尊厳も他者の尊厳も、どちらも尊重できる利他の生き方です。

この世は玉石混交の世界であり、玉とは、愛と真心にめざめた人であり、石とは、自己愛性パーソナリティや反社会性パーソナリティのような我欲のために生きている段階の人です。石は、玉を磨いてくれます。また、玉の存在は、石にとっては進化のきっかけを与えるのです。

もちろん、この世において、犯罪は裁かれるべきであるし、悪事がまかりとおることのなきように、人としての努力をして、世直しをしていくことは大切です。なぜならば、この地上において、人類は神の代行者であって、万物の霊長としての役目を与えられているからです。いろいろな宗教が、地上に天国を築く、あるいは地上を浄土にする、といった表現で、地球上に理想的な社会を築くことの重要性を説いています。わたしたちは、積善の生き方を実践していくなかで魂を磨いていきます。その過程で、まず、自分の家庭を整えて素晴らしくし、次に、自分のかかわる職場や地域を素晴らしくし、そして、自分の国を素晴らしくしていくのです。最終的には、世界の人類が理想的な社会を構築できるようにめざしていくのです。

人間は立志発願しだいで人生が決まります。立志発願とは仏教や神道でよく使われる言葉です。志を立て、その志の成就を神や仏に願うという意味の言葉ですが、本書では、主に、守護霊や神様に向けて志を立て、その成就を願うものとして使っています。

前世での積不善の因果応報で試練が多いからといって、絶対に幸せになれないというわけではありません。確かに積不善の負債があれば試練や困難がたくさん起きるでしょう。ですが、それを乗り越えて幸せになれないのは、立志発願しないからです。あるいは立志発願が弱いからです。

立志とは、「わたしはこういう人生を創造するぞ」「わたしはこういう幸せを実現させるぞ」という揺るぎない決意であり、それを神様に発願することが大事なのです。つまり「神様、どうかこのことをやりとげられますようお守りください」「神様、どうかこういう人生を実現させられますように」という、神様への加護のお願いをするのです。

これが神様との二人三脚ということです。過去からの因果応報がすべてではありません。いま新たに因果応報を作り出しているのです。その部分が大事なのです。

コラム1

袁了凡《えんのりょうぼん》の生涯について（「魂の黄金法則」より引用）

袁了凡は、中国の明の時代に実在した人であり、積善による運命改善を実践した人物です。日本が安土桃山時代のころに生きていた人です。

袁了凡は、医者であった父を早くに亡くし、母に育てられました。袁了凡の母は、息子に家業である医者を継がせようと、医者になるための勉強をさせていました。

あるとき袁了凡は、皇極神数という占術を会得した孔老人と知りあいます。孔老人は、袁了凡の人生にこれから何が起きるのかを詳しく占い、その出来事の起こる時期まで示してくれました。そして「あなたは科挙に合格して役人になる運命だから、科挙を受けなさい」と勧めたのです。科挙とは、明の時代の官吏登用試験のことです。試みに袁了凡が科挙を受けてみると、孔老人の占ったとおりの順位で合格しました。

孔老人は袁了凡の人生を細かく予言し、いつ、昇進試験に何番目に受かるのか、いつどんな地位につくのかまでを伝え、最後は五十三才で亡くなり、子供はできないというのでした。

不思議なことに、その後の袁了凡の運命は、孔老人の予言したとおりに進んでいったのです。

それで袁了凡は、運命は天によってあらかじめ決められているのだと思うようになり、物事にいっさい動じないようになっていったのでした。

すっかり運命論者になっていた袁了凡は、あるとき、禅に興味を持ち、雲谷禅師という禅僧に教えを請いました。三日間にわたり参禅しても、まったく邪念を起こさない袁了凡を見た禅師は「あなたはどこでこれだけの修行をなされたのか？」と問いました。

そこで袁了凡は、これまでの経緯を雲谷禅師に明かし「すべて運命のままに淡々と生きています」と返答したのです。すると禅師は「運命に拘束されるのは凡人だけであり、聖人や先哲たちは、天から授かった命数を善徳を積むことで自ら改善し、造命したのだ」と教えたのです。

そして禅師は、積善と造命の方法を説いて、その実践のテキストとして『功過格《こうかかく》』という書物を袁了凡に与えたのでした。これは、善事を功、悪事を過として、日々のおこないを計算できるようになっており、たとえば、死に瀕した人の命を救うのは百功、無縁者の死体を埋葬してやるのは五十功、反対に人を殺すのは百過、人をだまして物を盗むと五十過、というように、行動を善悪で記録することができるものでした。

袁了凡は、運命は変えられるという真理を悟って、この教えを素直に実践しはじめました。貧しい人々に寄付をおこない、友人や縁者への施しや親切を積み重ねていったのです。仕事では、人々の幸せのために働くようにしました。

そうしているうちに、少しずつ、袁了凡の運命が、占いに示されていた筋書きとは異なる形に変化していきました。そしてついに、授かることはないと予言されていた子宝を授かったのです。男の子に恵まれたのでした。これに手ごたえを感じた袁了凡は、夫婦でさらなる積善に励むようになりました。

ある地方の長官をしていたとき、袁了凡は不思議な体験をします。「減税をすればもっと大きな積善ができる。万人の命を救うに匹敵する」と誰かに教えられる夢を見たのです。袁了凡はこの夢を信じ、自分の取り分を減らして、減税を実行しました。これによって多くの領民の暮らしが楽になったことはいうまでもありません。その後も積善を重ねた袁了凡は、五十三才で死ぬという予言をも打ち破り、七十四才まで長寿することができたのです。

袁了凡は、息子に積善の教えを伝えるために、『陰騭録《いんしつろく》』という書物を書き残しました。この書は江戸時代になって日本にもたらされ、『和語陰騭録』として普及しました。

第二章　対人関係の悩みと善悪の見極め

とこしえに国まもります天地《あめつち》の
神の祭をおろそかにすな

明治天皇御製

第一条 人とともに善をなす

●人と和合して積善を行う

第二章からは、袁了凡の残した積善の十カ条にそった積善の実践法を解説していきます。袁了凡は、積善十ヶ条の第一条で「人とともに善をなす」と述べています。人とともに善をなすには、人との協調や和合が必要になります。このとき、自分の性格に偏りがあって、他者との協調や和合に難があると、積善の活動は難しくなってしまいます。また、自分に問題がなくても、まわりの人に性格の偏りがある場合、適切な接し方ができないと上手くいきません。そこで、自分を愛することと他者を愛することがバランスよく両立するにはどうすればよいのかを理解することが大事になってくるのです。

第一章で、愛着障害やパーソナリティの問題を扱ったのは、この世において、「**人とともに善をなす**」**ためには、大前提として、人情の機微を知る人になる必要がある**からなのです。自分のことも、周囲の人々のことも、深く理解して、人々と調和してこそ、「人とともに善をなす」ことができるのです。人情の機微を知ることなしに、理論や理屈だけで善事をなそうとすれば、反発を受けてうまくいかない結果となります。力づくで無理にやろうとすれば、独善的になって、他者を苦しめることにもなりかねません。古来より、偉大な政治家や指導者といわれる人の多くは、人情の機微を把握し、それに則してものごとを行なってきたのです。

第二条　愛敬、心に存す

●愛敬とは和合のこと

積善の十カ条の第二条は、愛と敬を持つことをあげています。愛とは、慈愛、博愛などまわりの人の幸せを思いやる心です。敬とは、尊敬の敬であり、他者を敬い、尊重することを意味します。仏教では相互礼拝といって、お互いを拝みあう心を尊いものとしていますが、それはすべての人に仏性が宿ると考えるからです。仏性とは神性と同義といえますから、これは、すべての人は神のわけみたまを内奥に持っているという本書の主張と同じです。お互いが神の子であるから、お互いを敬愛することが正しい在り方なのだということになります。愛するということだけではなく、そこに敬の思いもあわさることが大事です。**相手を敬うとき、自然と相手に対して礼節を保ち、誠実になります。すなわち真心のこもった言動になって、愛と真心がそろうのです。**

愛と真心がこもった言葉や行動を向ければ、相手を幸せにしますから、積善となるのです。袁了凡は第一条で、人とかかわることの大切さを説き、第二条で、人とかかわるときの心がまえを説いたということになります。愛と敬がそろっている状況であれば、他者に対して、棘のある言葉や、冷たい言葉や、傷つけるような言葉は出てこないのです。おのずから、温かい言葉、やわらかい言葉、包み込む言葉が出るはずです。アドラー心理学でいう「勇気づけ」の言葉も出ることでしょう。このような心がけで他者と接していけば、自然と和合するので、対人関係も好転していくことでしょう。

わたしたちは、他者を見るとき、その人の内奥に神のわけみたまが鎮座していることを思い、そして、その人もまた守護霊に守られて、この世で魂を磨いているということに思いを致すことが大切です。この意識で、相手の神なる部分に語りかけ、働きかける気持ちで、対話していくと、対人関係のなかで自然に積善ができるようになるでしょう。愛とは、相手の理不尽な要求を受け入れることではありません。愛とは、相手の支配や強要を受容して、自分を押し殺すことではありません。それらのあり方は、自己の尊厳を傷つけることにつながるので、積不善となってしまいます。そうではなく、必ず積善につながるものが本当の愛なのです。すなわち、**愛とは、自他の魂の進化と向上を手助けすることと、自他の苦を取り除き、楽を与えることが矛盾なく両立していることなのです。**

●形の和合と心の和合

周囲の人々と和合することとは、魂を磨いていくとき、極めて重要です。『魂のみがきかた』のなかでも、周囲との和合について詳しい解説をしました。本書では、その補足として、形の和合と心の和合について述べます。形の和合とは、文字通り、不和だった相手と仲直りしたり、和解することです。家庭内の人間関係でも、職場や学校などの社会生活での人間関係でも、形の和合がスムーズにできれば何の問題もありません。ですが、現実問題として、形の和合は難しいものです。そのようなときも、魂を磨く生き方という観点からできることがあります。それが心の和合です。心の和合とは、自分の心の世界で、相手と和合することを意味します。具体的には、相手を許し、相手の幸せを祈り、最終的には形の和合も成就するように願うことです。この祈りの実践が、心の和合の道です。

これまでお祈りをしたことがない人も、守護霊に祈ることから取り組むとよいでしょう。守護霊とは、あなたの魂の向上を守り導いてくださる高級霊です。守護霊は、天国界に永住している霊格の高い祖先の霊なのです。『魂のみがきかた』や『魂の黄金法則』で、守護霊に祈るだけではなく、推奨神社の神様に祈願する方法も解説しました。推奨神社とは霊的に汚染されていない有力な神社です。本書から先に手にとられたかたは、宇宙創造主を念頭において、単に「神様」と呼びかけて祈ればよいでしょう。

心の和合の祈りを行うことで、現実世界でも変容が起こって、相手と形の和合までできてしまうこともありますし、そうならないこともあります。形の和合ができてもできなくても、とりあえず、心の和合をしっかりと行っておけば、自分の悪想念による悪い引き寄せが起こらなくなります。というのも、もし、心の中で、たえず誰かと敵対していたり、誰かのことを嫌悪したり、憎んでいたり、腹を立てていたりすると、その想いは悪想念となります。悪想念は、その内容に類似した嫌な出来事を再び引き寄せてしまうのです。もし、心の中で、誰かを憎んでいるとすると、たとえ、その人物と距離を置いて、日常生活では会わなくてよいようにしていたとしても、ふたたび、別の敵対者が目の前に出現したりするのです。このような現象を称して「引き寄せの法則」と呼ぶのです。これは、原因と結果の法則と言っても同じことであり、ようするに因果応報の法則が働いたのです。まず心の中に、憎悪という種まきをしたので、現実の世界に、憎悪すべき別の対象が再び引き寄せられたということです。反対に心に、愛、許し、寛容、調和、友好、協調などの想念が種まきされるなら、現実の世界に、そのとおりの良き人間関係が引き寄せられるということです。

もちろん、想念は毎日の積み重ねです。積み重なって、積み重なって、積み重なって、ある限度まで到達したときに、現実化が起こります。ですから、日常生活の中で、心にどんな内容を思い浮かべるかは極めて重要な問題です。「**わたしとつながりのあるすべての人々と和合できますように。調和できますように。友好的な関係が築けますように。まわりの人に喜んでいただけますように**」という短い祈りの言葉が胸にある人と、そうでない人では、縁の引き寄せに大きな差が出るということです。

●「悪縁を切り、良縁を結ぶ」とは？

わたしたちが、魂を磨く生き方を意識するようになり、人生観、世界観を神様を軸にしたものにしていくにつれて、自分をとりまく周囲の人間関係の組成が変化し始めます。悪い縁が切れて、良い縁が結ばれるようになるのです。ここでいう悪い縁とは、必ずしも不仲な相手や、ハラスメントをしかけてくるような相手とは限りません。明らかに有害性を感じる相手であれば、悪い縁だとすぐにわかるものですが、そればかりが悪縁ではないのです。その人といると居心地が良いと感じる相手が悪縁であることもあるのです。

たとえば、いっしょに人生のぬるま湯にひたり、進歩向上から眼をそむけるような方向にあなたを引っ張る友人もいるかもしれません。あるいは、あなたが何かチャレンジをしようとしているとき、「どうせ、そんなの無理に決まってるよ」とか、「やめとけ、やめとけ」と、挑戦に水を差すような人もいるかもしれません。あるいは、人間としては良い人のようでも、異常に運が悪く、その人といっしょにいると、その人の不運に自分もまきこまれてしまうという場合もあります。

このようなものも含めると、何が本当の悪縁で、何が本当の良縁なのかは、わたしたちの視点では、正確に判別することは難しいのです。ですが、わたしたちを守り導く守護霊や神様には、過去、現在、未来を見渡せる力がありますから、あなたが開運して幸せになっていくうえで、あなたの足をひっぱる貧乏神となる悪縁は、すべて明らかなのです。魂を磨くことを人生における優先事項と思い定めて、生き方を改めると、あなたの内的境地が上昇を始めます。すなわち、霊格が向上し始めるのです。霊格が向上すると、あなたの心が住んでいる霊界の霊的階層（霊層）も上がります。そして、**霊格と霊層が上がると、それに相応しい良き縁があなたの元に引き寄せられ、巡ってくるようになるのです。それと同時に、悪い縁は自然に切れていくのです。悪縁が切れて良縁が結ばれるという働きは、あなたの魂の進歩向上に連動して起きて来るのです。**

魂を磨く生き方を実践していけば、このように周囲の人間関係に変化が生じます。友人や知人など、比較的簡単な形で疎遠になれる対象から変動していくことでしょう。縁が切れるときには、多少のもめごとやトラブルが起きるかたちで、疎遠になっていくこともよくあります。魂を磨く生き方を志して積善を行う日々を送るなかで、旧知の友と疎遠になるような出来事が起きた場合は、その縁は、あなたの魂の向上の観点からは、貧乏神の要素があったと考えてよいでしょう。悪縁が切れてしばらくすると、新たなご縁が授かることでしょう。それはもちろん良縁であり、あなたに幸せをもたらす素晴らしいご縁なのです。

第三条　人の美を成す

●人を育てるには魂の発達段階を見極める

積善の十カ条の第三条では、人の美を成すと教えています。これは人の美点を伸ばすということです。人を育てる、すなわち人材育成ということです。自分の身の回りにいる人々に対して、その人の素晴らしいところが引き出され、向上して、より素晴らしくなるように接していくことが、大きな積善になるということです。

親が子を育てることや、先輩が後輩を育てることや、先生が生徒を教えることや、上司が部下を育てることなど、教える立場と教えられる立場という立ち位置がはっきりとしている場合は、この積善は実践しやすいといえます。このような立場を活かして、人のために尽くすことは、大きな積善となるのです。世の中には、せっかく与えられた機会を活かせず、反対に、教える立場や育てる立場を悪用して、弱者にハラスメントを仕掛ける人間もいます。いじめ、嫌がらせ、脅し、暴言などで、子を苦しめる親、生徒を苦しめる教師、後輩を苦しめる先輩など。乳幼児を虐待する保育士の事件も跡を絶ちません。このような輩は、多大な積不善を積み重ねていることになりますから、必ずその因果応報の報いを受け取ることになります。今生のうちにも不運不幸がめぐってくるので、無病息災、健康長寿とはいきません。そして、死後は地獄界に行くことで地獄の責め苦を受け、浄化のために延々とつぐないをさせられると考えられます。そして、生まれ変わると、今度は、自分が弱者の立場に立って理不尽ないじめや虐待をその身に受けて、被害者の気持ちを痛いほど思い知ることになります。こうやって因果応報の法則が働いて、魂を進化向上させていくのです。

因果応報の法則を知れば知るほど、目下の存在や自分よりも弱い立場にある人や幼い者たちに対して、愛と真心をもって、慈愛の気持ちでかかわることが大事なことだとわかってくるのです。ところが、こうした関係性が必ずしも明確でない状況もあります。仲間や同僚のような状況だと、横の人間関係であるため、教えるとか、育てるという関わり方では、上手くいかないことも多いのです。

たとえば、あなたが魂を磨く生き方や積善の生き方に目覚めて、それを生きがいとして取り組んでいるとします。前著『魂のみがきかた』では、推奨神社に参拝して、魂の向上と積善に関して立志発願の祈りをする方法を解説しました。自分がそれを実践してみて、とても良かったので、家族にもそれを勧めたいと、あなたは思うかもしれません。そこで、あなたが、『魂のみがきかた』の本を家族に勧めたとき、興味や関心をもって読んでくれて、いっしょに実践しようという話になったなら何の問題もありません。ですが、実際には、そう簡単にはいかないことも多いでしょう。

というのも、人間の魂の発達段階というものがあるからです。本書を読んでいるあなたは、すでに魂の発達段階として、信仰心というものに心が向かう段階に来ています。あなたからすれば、魂を磨く生き方に目覚めることはとても素晴らしいことであり、価値あることなのです。魂の向上や世の平安を祈ることは意義深いことなのです。

しかしながら、魂の発達段階がそこまで達していない人にとっては、そのような生き方には何の価値もないと思ってしまうのです。本書も、そんな人にとっては面白くもなんともない本ということになるだけです。そんな段階の家族や友人をあなたが無理強いして、推奨神社に連れていって、お参りすることを勧めても、相手は決して心からの納得や理解をもって参拝してくれることはありません。心からの納得がないまま、神様の前に出て、形ばかりのお祈りを猜疑心混じりに行ったとしたら、返って神様に対して不敬になりますので、神様は決してお喜びにはなりません。

もし、大切な家族や友人に、神様の道というものを分かってもらいたいと願うのであれば、まず、あなたが彼らのために祈ることです。彼らが心から納得して、魂を磨く生き方や神様ととも

に歩む人生を、自分の意志で選び取り、進んでそこに向かうことで幸せになるようにと祈ることを、毎日の日課として長期的に積み重ねていくことです。その毎日の祈りが積み重なっていくうちに、じわじわと、影響が現れていくのです。その下準備もなしに、信仰を他人に強要するような形で行動すれば、相手の自由意志を侵害していることになります。それぞれの魂の発達段階がある以上、信仰的な生き方になかなか気持ちが向かわない人もいるのであって、そうした人の段階を許容する寛容性を持たなければなりません。そうでないと、カルト宗教や新興宗教と同じとみなされて、かえって誤解を受けるだけです。

そして、何よりもあなた自身がそうした生き方によって、心の安寧を得て、明るく清々しい気持ちで日々を過ごし、魂を磨いて努力する生き様を周囲に示していくことです。そのようなあなたの生き様を見て、「あなたは、どうしていつも明るく元気に前向きに生きられるの？どうして何があっても上機嫌で生きられるの？　何か秘訣でもあるの？」と周囲が問いかけるほどになったとき、はじめて、あなたが勧めた本を読んでみようと思うようになりますし、いっしょに神社に参拝してみようという気持ちにもなるのです。このように、人を育てようと思うなら、相手の魂の発達段階を見極めることが第一番目に重要です。「人を見て法を説け」という仏教の教えがあるように、相手の理解できるところから始めて行かないと失敗するのです。

他者を善導するには、相手が心から納得し、行動が変容するように祈るとともに、具体的行動として、まず、その人との深い信頼関係を構築することが出発点です。そのためには雑談が必要です。難しい話をする前に、雑談によってコミュニケーションのキャッチボールをすることが大事です。それは、人間関係を構築するための潤滑油なのです。

その際に大切なことは、相手をコントロールしたいという欲求を手放すことです。他者をコントロールしたいと思う限り、そこに自分の我欲が入るので、守護霊や神様の応援が働きにくくなります。コントロールの欲を捨て、ただ相手の幸せを祈り、相手の話をよく聞いて、共感して、勇気づけていくことです。そのような対話をするうちに、信頼関係ができてくるのです。その過程で、相手の魂の発達段階が見えて来るのです。もし、「人生の意義とは何なのか。どうしたらより良く生きることができるのか」というようなことを求める段階に達していることが確認できたら、積極的に働きかけると良い結果につながることでしょう。そうした段階に至っていない場合は、焦らず、その時期を待つことです。

●他者の安全基地になるには神を心の安全基地にする

家族など身近な人に、自分の気持ちをわかってもらえないとき、誰でも辛く悲しい気持ちになります。ですから、まず、あなた自身から行動を開始して、家族や身近な人の気持ちをわかってあげることを心がけることが大切です。まわりの人々の喜怒哀楽の感情を理解できる共感力を育てていくのです。相手の気持ちや考えていることを、批判や批評をすることなく、否定することなく、ただ聞いてあげることです。そして、「なるほど、そうなんですね」と、そのままを受け入れてあげることです。対人関係では、相手の自由意志を侵害しない、相手にも自分の自由意志を侵害させないことが大事です。あなたにはあなたの言い分があり、わたしにはわたしの言い分があり、お互い様ですねということです。そのうえで、周囲の人々の心の安全基地にあなたがなれるように目指すことが重要です。

心の安全基地になるには、どんなときでも、安定した態度が維持される必要があります。情緒不安定になったり、気分によって態度がコロコロと変わるような人は、誰かの心の安全基地にはなれません。**何かあった時に、その人と対話すると、不思議と心が落ち着き、元気を回復することができるような人が、安全基地になれるのです。**第一章で解説したようなパーソナリティの偏りが強い人には、このような安全基地の役割は果たせません。ですから、自己の修養として、自分のパーソナリティの歪みを改善させることが重要です。そのためには、まず自分自身を客観視する訓練を重ねる必要があります。自分の目線から見るだけではなく、自分の言動の傾向を他者の視点からも分析できるように、心がけることが大切です。

あなたが常に、身近な人々にとっての心の安全基地でいられるためには、あなた自身の心の安全基地を確保しておく必要があります。あなたの心の機嫌をとり、心を癒し、安定させ、元気回復するためのあなたの心の安全基地を持つのです。そして、それは神様ということになります。神様を心の安全基地に持つということをめざしましょう。自分の心の中で、神様と対話し、神様なら、こんなとき、どうおっしゃるかなと考えられるようになることが大切です。これが神様を軸にするということです。

神様の視点や尺度とは以下のようなものです。**第一に、すべての人間は魂を磨いて進歩向上するために、生まれ変わりを繰り返していること。第二に、この世において積善を実践して、実社会に貢献することが重要であること。第三に、人生のすべての現象は因果応報の法則が働いていること。**このような観点から、神様の眼から見た最善の生き方をめざすことが、神様を軸にする生き方といえます。西郷隆盛は「敬天愛人」という言葉を残していますが、神を心の安全基地にすることで、他者の心の安全基地になるということは、まさに「敬天愛人の道」といえるでしょう。それは、自分の承認欲求を満たしてくれる存在が神様であることを意味します。自分のなかに存在する**慈愛の存在としての神様が、どんなときも、自分の心に安心と満足と喜びを与えてくださるのです。神様があなたを承認し、認めてくださっているのです。このことを揺るぎない心で固く信じることこそが、信仰心なのです。**

自分の承認欲求を満たすことを人間に求める必要がなくなるとき、人は真の自由を手に入れるのです。そして、神様と自分という世界に生きていけるようになるのです。この状態のとき、あなたは、自分のまわりにいる人々の承認欲求を満たしてあげることも自在にできる身となるのです。それは、勇気づけであり、共感であり、応援であり、善導の言葉となって、まわりの人の心を救うのです。

承認欲求というものは、人生を左右するほどの衝動を生み出す厄介な欲求です。それゆえにアドラー心理学でも承認欲求を手放すことを重視しているのです。そして、承認欲求の問題を解決するために、アドラーは共同体感覚を説きました。神様を心の安全基地にするという生き方は、アドラーが目指した方向性と同一といえます。アドラーは神という概念を用いることなく説明しようとした結果、共同体への奉仕という考えに至りました。それよりも、生まれ変わりと因果応報の法則を受け入れ、神様のご存在を悟り、神様を心の安全基地にする生き方のほうが、はるかに素晴らしいのです。なぜならば、**神様とつながる人生には天運が授かる**からです。**天佑神助を得て、人生を好転させ、この世でも幸せに生きて、死後、霊界でも幸せに生きて、生まれ変わってもさらに幸せになっていくことが、もっとも素晴らしい道なのです。**

●魂の発達三段階とは?

生まれ変わりの回数が多いほど、魂は、完全円満に近づきます。パーソナリティの偏りも目立たなくなり、愛と真心に目覚め、バランスのとれた人格に近づいていきます。周囲の人々と協調、調和していける共感力とコミュニケーション能力が伴って、個性が社会で活かされるようになります。魂の発達の段階は、大きく三つに分けることができます。これをゴールド魂、シルバー魂、ブロンズ魂と呼ぶとしましょう。

ゴールド魂とは、生まれ変わりの回数も多く、さまざまな人生を経験して、魂をバランスよく磨いてきた存在です。その特徴の第一は、努力する生き方をつらぬくことができる点にあるといえるでしょう。**ゴールド魂は、どんなときでも、人生に目標を掲げて、努力を惜しまない生き方ができるのです。それは自分を取り巻く環境が、順風であろうと逆風であろうと、関係ありませ**

ん。助けてくれる人や、経済力や健康に恵まれ、順風満帆なときにも、コツコツと努力をすることができるし、その反対に、周囲に味方が少なく、経済力や健康に恵まれない状況でも、くじけることなく、コツコツと努力をすることができるのです。ゴールド魂の人は愛と真心にめざめていて、利他性パーソナリティに到達しつつあります。

これに対して、シルバー魂は、ゴールド魂の人ほど努力する心がありません。努力しなければ困ったことになるというような必然性があるときは、相応に努力して乗り越えることもできますが、いったん、緊急事態ではなくなると油断して、気を抜いてしまいます。努力する生き方ができたり、できなかったり、波があるということになります。目の前に大きな問題がないと、がんばれないタイプといえます。お尻に火が付いたらエンジンがかかってがんばれるのですが、それがないと、ついつい気を抜いてしまい、楽なほうに走ってしまう傾向があります。ゴールド魂ほどの転生回数がなく、悟りもないので、魂を磨くことの大切さを理解できていない段階の魂なのです。シルバー魂の人の多くは、パーソナリティの偏りがまだ目立っています。そして、一時的に成功することがあっても、それが長続きしないのです。また、成功する過程では、敵を作ったり、弱者を冷遇したり、道義心のない行動をして、積不善をしてしまうことも多いです。その因果応報によって自分が不運に陥ることも多いのです。因果応報の法則によって、試練がやってきて、それを乗り越える過程で努力を重ねていきます。そのなかで学び向上していくことを繰り返すうちに、ゴールド魂へと進化していくのです。

そして、ブロンズ魂は、そもそも努力が嫌いです。できるだけ怠けようとして物事に対処します。あらゆる物事に対して、努力から逃げるので、人間としての実力は低いままです。その結果、この世で成功者になったり、自己実現したりという成果を出すことはできません。どちらかといえば、落ちこぼれ的な人生をおくることが多いです。チャレンジ精神に乏しいので上を目指して努力することが苦手です。目の前に問題が来ても、それを乗り越えようとせず、逃げることばかり考えてしまいます。シルバー魂よりもさらに転生回数が少ない未熟な魂であり、パーソナリティの偏りをほとんどの人が抱えています。善悪の観念も乏しいので悪事に走ることも多く、悪だくみのためには努力することもあります。仏教的に表現すれば、菩提心《ぼだいしん》に目覚めていない人間ということです。**菩提心とは、「悟りを求めるとともに世の人を救おうとする心」のことです。仏教ではこれを「上求菩提《じょうぐぼだい》、下化衆生《げけしゅじょう》」ともいいます。**ゴールド魂の人は菩提心に目覚めています。わずかに目覚めた人がシルバー魂です。ブロンズ魂は菩提心が眠っている状態といえます。

たとえブロンズ魂やシルバー魂の状態にある人でも、真実の学問と出会い、生きる意味を悟り、魂を磨く生き方に目覚めていくことで、努力することを喜びと感じることができるようになっていきます。向上心や求道心を持つことによって、しだいにゴールド魂に近づいていくことができるのです。良き師や良き友に恵まれることで、ブロンズやシルバーから、ゴールドへ進化していくことは可能なのです。だからこそ啓蒙が大事です。

このような「努力する才能」は、知能指数と関連しています。また、愛念を発揮する能力の土台は、共感力です。共感力は、認知的共感能力（他人がどう感じているかを理解できる能力）と、感情的共感能力（他人が感じているのと同じように感じることができる能力）の二つに分類され、真に共感力が高い人にはこの両方が備わっていることが知られています。知能を啓発し、共感力を高めることは、魂を磨くために大切な要素なのです。

自分を進化させ、向上していこうという志を抱いたら、まず、行うべきことは、付き合う人を変えることです。運の悪い人や愚痴の多い人や怠け者とは、距離をとって疎遠にしていくことが大切です。反対に運の良い人や感謝の心を持つ人や勤勉な人と、お付き合いすることが大切です。

ここで説いたゴールド魂のような人と交流することが大切です。そうすれば、運の良い人から幸運のおすそわけがもらえるのです。具体的には、良き刺激を受けたり、良きモデルとして手本にできたりするのです。それだけではなく、運の良い人から目に見えない幸運もおすそわけしてもらっているのです。それは、ゴールド魂の人を守護する神様や守護霊団の善なる霊的パワーの余波をまわりにいる人も知らず知らずに受け取るということなのです。その反対に、運の悪い人、愚痴の多い人、怠け者は、人間を不運に引きずりおろすマイナスの霊的存在をたくさんくっつけている人であり、そんな人と付き合っていれば、自分もその負の霊的パワーの影響を受けて、うだつが上がらない人生となるのです。

身のまわりの人間関係を整理したり、改革することは、たいへんな労力を必要とするものです。何事もいっぺんに解決できませんから、最初は、ひとつずつでも良いので、良き人の集まりに身を置く努力を開始しましょう。

第四条　人に善を勧める

●善とはなにか?

善を勧める大前提として、善とは何かということを理解する必要があります。世の中には、絶対的な善は存在せず、相対的な善しかないのです。絶対的な悪もなく、相対的な悪しかないのです。このことがわかれば、傲慢になることから守られます。常に謙虚に、善を追求することが大切です。自分のものさしで、他者を裁いてしまうと、温かい愛の念は枯れてしまうのです。愛と真心を尽くして、他者の幸せを願って、善を勧めるということが大切です。

そして、積善をおこなうとき、その善が、小善、偽善にならないように気を付ける必要があります。**小善とは、大所高所から見た善ではない目先の善のことです。小善を積み重ねても大善に至ることはありません。なぜなら、小善とは、ほんとうの善ではないからです。**他者を喜ばせることが善なのだと考えて目の前の人の要求を受け入れることが、小善になってしまうこともあるのです。たとえば、第一章で解説したパーソナリティの偏りの強い人が、あなたを支配、操作しようとして理不尽な要求をしてきたとき、それを受け入れると目の前の相手は喜び、満足するかもしれません。ですが、これは大所高所から見れば、相手のパーソナリティの歪みをさらに強化することにつながるので善とはいえません。このような場合は、要求を断ることが善になるのです。

そして、**偽善とは、心からの善意ではなく、打算に基づく善行です。見返りを期待したり、相手の反応を計算して善行をおこなっても、それは偽善になります。**偽善は善行としてカウントされません。言動を発する心の本質が、愛と真心ではなく、エゴイズムから発するものであれば、形の上で善行であっても積善になることはないのです。愛と真心の発動が魂に刻まれ、善因善果の作用をもたらすのです。計算づくの冷淡な心で見かけ上の善い行いをしたところで、因果応報の作用としては、冷淡な心を発動させた悪因悪果の作用をもたらすだけです。その言葉を愛と真心から発したのか、それとも打算で発したのか。その行動を見返りを求めない愛と真心から行ったのか、それとも計算づくの行いなのか。この違いが未来を左右するのです。

「自分の願望を叶えたいから積善しよう」と考えるのは偽善です。「善行を実践したら、自分や家族に良い報いが返ってくるはずだから、この積善をやっておこう」と考えるのは偽善です。積善の果報がめぐってきて幸せになるのは、あくまでも結果的にそうなるのです。果報を目的として善行しても、それは偽善であり、積善としての効果はありません。「**これだけがんばって積善**

したのに願いが叶わない」という思いを抱いたとしたら、それは願いを叶えるために積善をしたことを意味しますから、偽善なのです。

小善と似たものに独善があります。独善とは、ひとりよがりの善行です。自分はこれが善だと思って行うが、周囲からはまったく受け入れられず、迷惑がられるような行いといえます。どんな善いことでも、人々が心から納得し、喜んで受け取ってくれるものでなければ、それは独善の可能性があるのです。たとえば、信仰心のない人を無理やり神社に連れていってお参りさせるような行いは独善ということになります。

善き事も、それを押し付けがましく強要するなら、悪しき事になるのです。独善の場合も、愛と真心が欠如しているといえます。愛と真心があれば、相手の気持ちを考慮したり、まわりの人々の幸せを考慮することができます。つまり、共感力が発揮できるのです。すると、自分が何をすればまわりの人の安心、満足につながって、皆に喜んでもらえるのかが推察できるようになるのです。

気配りができる人、気が利く人は、独善に陥ることなく、周囲の気持を察知して、善行を自然に行うことができるのです。もちろん、発するところが愛と真心からの気配りでなければ、偽善になってしまうのです。まわりに良く思われたい、嫌われたくないという動機で、気配りをして、気が利く人としてふるまっても、それは偽善なのです。

●善が悪になり、悪が善になるとは？

どんな素晴らしいこと、尊いことであろうとも、そこに人々の心からの理解がなければ、ほんとうの善にはなりません。わたしたちは、世の中をより良くしていくために、人々の心からの理解ということを常に意識していく必要があるのです。人々の心からの理解をめざすには、共感力が必要です。共感力とは、相手の気持ちや感情を推し量ることができる能力です。その人がどんな精神状態にいるのか。その人が目の前の出来事に対して、どんな感情を抱くのか。ある言葉を耳にしたとき、その人が何を感じ、どう反応するのだろうか。そういったことを常に考えることが大事です。

こうした人情の機微への配慮がないまま、自分の思い込みだけで行動するならば、独善になって、善が悪になったりします。善と思って行ったことが結果的に人を不快にしたり、あるいは不幸にしてしまうことになれば、それは悪なのです。

わたしたちが、善行を心がけるとき、その善は、必ずしも神様の目から観た最善ではないかもしれない、という謙虚な姿勢を持つことが大切です。自分としてはこれが善だと思って行うけれども、神様の目から観たら、必ずしも最善ではないかもしれない。という気持ちがあれば、自己を省みることにつながり、慢心を避けることができます。そして、「**もし、過ちがありましたら、お許しください。神様の目から観た最善の道、より良き道へと軌道修正できるようにお導きください**」という日々の祈りがあれば、大きな過ちを犯すことから守られることでしょう。

●人とのコミュニケーションの極意

共感力を働かせることとは、コミュニケーションの基本ですが、そのときに、意識すべきことがあります。それは相手が発した言葉を文字通りの内容として受けとるのではなく、その言葉の奥にある真意や、その言葉が出て来るに至った背景を常に考えることです。自閉スペクトラム症の傾向がある人は、人の言葉を、言葉どおりにそのまま受け止める傾向がありますが、コミュニケーションが苦手な人は、多かれ少なかれ、この傾向があるといえます。つまり、言葉を文字通りの言葉の意味のままに受け取るのです。これでは良好なコミュニケーションにはなりません。

言葉が発せられる背景が必ず存在し、その言葉の奥になんらかの真意があります。言葉とは、相手の心の中にあるすべてではなく、ほんの一部が言語化されたに過ぎないものなのです。相手の語る言葉に対しては、真意を読み取る推察力を働かせると同時に、あいまいな部分はそのままにせず、問いかけて確認をすることが重要です。あいまいな部分を具体的な問いかけに変える努力が、相互理解を促進するのです。そして、自分が発する言葉については、できるだけ思いを言語化して、誤解や曲解を少なくする努力が必要となります。言葉を補足して説明を十分に加えることができるようになれば、対人関係は良好なものとなるでしょう。たとえば、感謝の言葉を添える、ねぎらいの言葉を添える、心情を汲み取った言葉を添える。こうしたことを意識して、コミュニケーションしていくならば、人に善を勧めることも容易になるのです。

思いを他者に伝えるときは、アイメッセージとユウメッセージの違いを意識することが大切です。アイメッセージとは、「わたしは〜と思う」という自分を主語にした表現の方法です。ユウメッセージとは「あなたは〜と思う」という相手を主語にした表現の方法です。相手を主語にすることは、相手に対する批判や評価をするときや、相手を責めるときによく使うものなので、相手を不快にさせるリスクがあります。つまり、相手の尊厳を傷つけたり、相手の自由意志を侵害するような表現になりやすいのです。これに対して、自分自身を主語にして、自分の気持ちや意見を伝えることは、相手を侵害せず、こちらの気持ちを理解してもらいやすいのです。人に善を勧める場合、こうしたことをふまえて行うと、より良い結果につながることでしょう。

ところで、「嫌いな人も好きになりなさい」と勧めている自己啓発書も見かけますが、嫌いな人も無理にでも好きになりなさいという主張は間違っています。好き嫌いは、個性の問題であり、すべての人類を好きになることは不可能です。好きな人がいれば、嫌いな人がいるのが自然です。ある人のことを嫌悪するとき、相手が自己愛性パーソナリティだったり、反社会性パーソナリティだったりして、こちらに実害がある場合がいちばん多いといえます。被害を受けないために、距離を取るのは当然の自衛行為なのです。また、強迫性パーソナリティの人なら、マイルールを押し付けられるので不快感を抱くこともあるでしょう。あるいは、回避性パーソナリティの人は、適切なコミュニケーションができないので、非礼であるとか、無視されたと感じて、不快感を抱くこともあるでしょう。

自分から見て、異質なパーソナリティであるほど、つきあいづらく感じるのは自然です。そうしたときに、自分の自由意志を曲げてでも、無理に好きになる必要はないし、無理に親しくかかわる必要もありません。嫌悪感を抱く相手なら、一定の距離をとって、自分を守ることは必要なことなのです。

その一方で、周囲の人を慈愛の眼で見ることや、万人に慈愛の念を向けることは大切なことです。嫌いな人にも慈悲の心で向かうことは、より大きな愛を持てばできるようになります。それは積善の道でもあるのです。もし、実害がないのであれば、相手よりも大きな包容力をもって包み込んで、慈愛を向けることは試みてよいことです。あなたのそうした態度によって、相手が改心する場合もあるでしょうし、改心まで至らなくても、あなたへの態度は変容するかもしれません。その場合、大事なことは、自分の自由意志を侵害されないよう守ること。相手との課題の分離をしっかりと行って、一線を引くことです。そうした適切なかかわりをすると同時に、正しい人間観を持つことです。すなわち、**いかなる人間にも神のわけみたまが宿っていること、いかなる人間も守護霊に守られて導かれていること、そして、すべての人間は魂を磨いて進歩向上するためにこの世に生まれてきていることを忘れないことです。**目の前にいるパーソナリティの歪みの激しい人物もその一人なのです。もし、あなたが他者を勇気づけ、他者の自己重要感を満たすような適切なかかわりができるなら、あなたによって彼らが善導されることもあるかもしれません。それは大いなる積善となるのです。

第五条 人の危急を救う

●自分の救済と他者の救済

積善としていちばんわかりやすい行いは、困っている人を助けることです。わたしたちは日常生活のなかで、身近な人を助けたり、手伝ったりすることで、自然と積善を重ねていくことができます。袁了凡は人の危急を救うことは積善としての功徳が大きいと述べています。こうした身近な親切の実践は大事ですが、それ以上に重要なことは、「日本国民の危急」を救うという観点を持つことです。日本国民全体が、現在、危急存亡の状態にあるといえます。

たとえば、日本は、外国人犯罪が年々増加し、日本人が犯罪の被害にあうケースが増えています。果樹園の果物を盗む事件、外国人による女性への乱暴、道を聞くふりをして強盗するケースなどさまざまです。また、外国人が借りたレンタカーによる事故が急増しています。外国人が容易に自動車免許を取得できる制度が原因です。

日本の土地や山林が外国人にどんどん買い占められていることも問題です。土地だけではなく、国を支える基幹産業や中小企業までが、どんどん外国資本に買い占められているのです。**外国勢力による日本の富の搾取を容易にさせたのは、自民党政権による売国政策です。外国に由来を持つ政治家も登場し、日本の伝統文化を壊して、外国の都合に合わせて日本を改造しようとしています。このまま移民推進の政策が進むと、日本の治安はますます悪化し、日本国民にとって暮らしにくい国になっていく恐れがあります。**

日本人には疑う心がなく、簡単にだまされる人が多いと外国人にも思われていることでしょう。それほど、日本民族は昔から助け合いの精神が発達していました。縄文時代には一万年以上にわたって戦乱の跡がほとんどありません。平和な集落が１７００年間の長きにわたり維持されていたことがわかる、青森県の三内丸山遺跡はその代表的事例です。こうした日本の平和な秩序が、政府による移民推進の政策によって、根底から破壊されようとしているのです。これは日本国民の危急の事態であるといえます。

外国人を日本にどんどん入れようと動いているのは一部の企業です。それらの企業は低賃金労働者として外国人を欲しているのです。それで政治家に働きかけて、移民を推進しようとしているのです。ところが低賃金労働者として外国人がどんどんやってくると、日本国民全体の賃金上昇の足を引っ張ります。その結果、日本国民の賃金もなかなか上がらないという状態を招くのです。さらには、外国人による犯罪の増加、そして日本人との文化摩擦などのトラブルが増えて、日本がどんどん住みにくい国になっていくのです。一部の人々の金儲けのために、日本という国が壊されていく流れにあります。この流れを変えるためにも、政治家への企業からの献金は廃止されるべきです。

ところで、移民推進論者には、外国人犯罪は増加していないと主張する人もいます。警視庁の発表によると、２０１３年の外国人犯罪は2万４３４２件、そして、２０２２年の外国人犯罪は2万４６１件となっていて、「外国人犯罪は減少している」と主張しているのです。ですが、そもそも2万件を超える外国人犯罪が毎年、発生しているという事が問題なのであって、数千件単位での増減を判断しても意味がありません。さらに、移民推進論者は、フランスの学者エマニュエル・トッドの「女性で大学以上の高等教育を受ける人が増えると人口が減少する」という説を根拠に、日本は今後も人口減少が続くので移民を受け入れる以外に道はないという論を展開しています。ですが、これも解釈の間違いです。日本の人口減少は、あきらかに政府による緊縮財政が三十年以上続いた結果、五公五民の税負担率という異常事態になって、若者の手取りが特に減少し、若者が結婚できなくなったことが主要因です。緊縮財政をやめて手取りを増やすことで人口減少は食い止められるのです。

2023年に埼玉県警が発表したデータによると、同年のトルコ人の刑法犯検挙者数は69人で、この多くはクルド人と見られます。政府による在留外国人データベースからは、埼玉県内には1786人のトルコ人（多くがクルド人）がいるので、1000人あたりで38・6人の検挙者数となります。これは、日本人（1・2人）の31・1倍です。ベトナム人（8・3人）、中国人（2・9人）よりはるかに多い数字です。日本人の31倍強も犯罪で逮捕されていることからも、埼玉県の治安は明らかに外国人によって悪化しているといえます。

産経新聞の2024年11月24日の記事によると、トルコの総人口8500万人のうちクルド人は1500万人。過去二十年間で難民申請したトルコ国籍者1万2千人超の大半はクルド人です。日本とトルコは短期滞在ビザの相互免除措置があり、パスポートだけで来日し、難民申請で滞在を継続できるのです。川口市内で解体工事会社を実質経営する30代のクルド人男性の故郷にある村を記者が取材すると、丘陵地帯に立派な御殿が立ち並んでいたそうです。クルド人の村長は「みんな仕事の機会を求めて日本へ行った。単純に経済的な理由だ。一人が行くと、親族や知人が彼を頼って日本へ行く」と語ったそうです。村の配管工のクルド人男性は、川口に在留しているクルド人に触れると、「われわれが難民だなんてウソ。みんな上手にウソをつく」と話し始めたと記事にあります。さらに「入管で『国へ帰ったら殺される』『刑務所へ入れられる』と言うでしょ？

全部ウソ。本当にウソ。みんな日本で仕事したいだけ。お金が貯まったら、村へ帰る。私の国で迫害なんて絶対ない。この辺りは憲兵にも警察にもクルド人が多い。なぜ同胞が同胞を迫害するんだ」と語ったとのことです。

12才と14才が埼玉県で不法移民にレイプされた事件がありましたが、すでに二十年以上も前、法務省入国管理局がこれらの移民が「弾圧された人々か？」を現地調査したところ「日本で働いて故郷に帰る」との事実が判明しています。不法移民の問題を解決することを妨害しているのは共産主義者であるといわれています。法務省に共産主義者がいてこの問題を隠蔽したともいわれています。移民がどんどん増えることで日本の国は混乱し、弱体化しますので共産革命を実現しやすくなるのです。共産主義はかつては貧困者を煽って内乱をめざしましたが、福祉が充実して貧困問題が小さくなると、外国から貧困者を輸入して治安を乱そうとしているといえます。共産主義者やスパイを放置したために、出稼ぎ労働者に「難民」という虚偽の身分が与えられ、日本国民の女性が被害を受けているといえます。

共産主義者取締法がある国では、共産主義者が政府に入り込むことはできません。イギリスも大逆罪があり、大逆罪は死刑です。大逆とは国王に対する攻撃を指します。共産主義は必ず君主を攻撃するのです。このように諸外国では処罰する法律がありますが、日本は戦争に負けたとき、治安維持法も不敬罪も廃止させられてしまったのです。沖縄で琉球独立運動などの政治活動の自由が認められていたり、北海道ではアイヌ独立論が出たりしていますが、それらの背景に外国勢力が関与しているといわれています。現在の法体系ではこれらの内乱類似の活動を取り締まれないのです。

アイヌ新法という法律でアイヌが先住民と認定され巨額予算が流れていますが、アイヌは先住民ではありません。アイヌ問題の研究家で『科学的〝アイヌ先住民族〟否定論』で知られる的場光昭さんによると①アイヌが文献に登場するのは諏訪大明神絵詞が最初で14世紀中ごろである。②アイヌには考古学的に検証されている葬礼・土器をはじめとする擦文・オホーツク両民族文化は伝わっていない。③DNA分析において、古人骨アイヌのミトコンドリアDNA分析では15世紀頃北方から侵入し全道に広がったことが証明されている。④アイヌのミトコンドリアDNA分析ではアイヌはアムール川河口域の少数民族に一番近い。という事実があり、アイヌが鎌倉時代以降、アムール川あたりからオホーツク海を渡って北海道に侵入してきた異民族であることは明白です。

このような「日本国民の危急」を救うためには、愛国心のない政治家が選挙で当選できないように、落選運動を国民ひとりひとりが行う必要があります。政治に関心がない若者が増えていますが、そうした傾向が続く限り、一部の政治家と企業が自分たちの利権のために、日本の国を壊していくのです。ヨーロッパの国々ではそうした現象がどんどん進んでしまい、いまや取返しがつかないところまで、国の内部が崩壊しています。「日本国民の危急」を救うという観点をもって、日本国民の安全や豊かさを第一番目に考えてくれる政治家をトップに配置できるように投票行動に参加することが大切です。選挙に参加することは、人の危急を救うことにつながるのだという認識を持つことです。若者の多くが政治に関心を持たず、選挙に足を運ぶこともないため、我が国の投票率は50％ほどしかありません。

移民政策で大失敗した国の代表がスウェーデンです。**スウェーデンは、かつて欧州でもっとも治安が良い国として知られ、夜に女性が一人で町を歩いても安全でした。ところが、政府と一部の企業が結託して移民をどんどん入れる政策を取り続けました。その結果、治安がどんどん悪化して、移民による強盗、女性に対する暴行、強姦、殺人事件などが激増したのです。**かつて、欧州でもっとも銃犯罪が少ないことがスウェーデンの自慢でしたが、現在では、銃犯罪がもっとも多い国となってしまいました。レイプの発生件数も欧州随一となりました。移民政策は、これほどの変化を国に起こしてしまうのです。これが安易な移民推進政策の末路なのです。治安崩壊は、欧州各国で起きていて、ドイツやフランスでも移民による暴動や犯罪や女性への暴行事件が激増してたいへんなことになっています。イギリスがＥＵから離脱した理由の一つが、ＥＵに所属していることで移民がどんどんやってきてしまうことにありました。移民を国の主権によって思い通りに制限できないから、ＥＵを離脱したのです。これほどの混乱を欧州国家に起こしている移民政策を、日本がそのまま踏襲することがないように、国民が目を光らせていかなければなりません。

特定の国を差別する意図はありませんが、東京大学では学生の12％以上が中国人です。「中国人が東大を席巻し、ここまで増えているというのはリスクである」と東大名誉教授が警鐘を鳴らしています。アメリカでは国の厳しい規制によって中国人留学生が激減していますが、日本は「外国人留学生は国の宝」と総理大臣が発言するなど感覚が狂っています。日本人大学生の大半は、学費が支払えず、奨学金を借りて返済しなければならない状況であるのに対して、中国人留学生は文部科学省の国費留学制度による外国人留学生として、毎年８００人以上が費用を支給されています。アメリカやイギリスは国家安全保障政策のため中国の大学との提携を解消しています。留学生の受け入れを安全保障の観点から禁止しているのです。

「日本国民の危急」を救うために、**移民政策ストップのため、心ある国民が選挙に足を運んで、**

売国的な政治家を退場させるために力を合わせていく必要があります。これはアドラー博士のいう「共同体への奉仕」であるといえるでしょう。移民政策を阻止して、日本国民を保護する政策に転換させることは、子々孫々まで救われる大いなる善行です。問題の根源にあるのは、自己愛性パーソナリティや反社会性パーソナリティ（サイコパス）の人間が、社会の中枢に陣取り、自分たちの利権や欲望のために、社会を歪めているという現状です。彼らを政治権力の中枢から退場させることが、国民を危急から救うことにつながるのです。日本を救うために、今、草莽崛起《そうもうくっき》が必要なのです。草莽崛起とは、江戸時代末期に、吉田松陰が唱えた思想です。志を持った在野の人々が、国難から国を救うために立ち上がるという意味の言葉です。

コラム2 mRNAワクチンの危険性

「日本国民の危急」のひとつが、新型コロナワクチンの薬害問題です。2020年1月から始まったコロナ騒動で、まだ治験段階にあったmRNAワクチン（メッセンジャーアールエヌエーワクチン）をWHO主導のもと世界各国が承認しました。日本人は最終的に世界でいちばんワクチンを接種した国民となりました（六回も七回も国民に打たせたのは日本だけです）。**その結果、2021年4月以降に発生している超過死亡が2024年4月までの3年1ヶ月で、累計50万人を超えたことがわかっています。これはコロナによる死者数（2023年末までに10万人、年間3万人余）をはるかに越える数字です。**これらの超過死亡した人々は、脳血管障害や癌や心臓病や膠原病などの他の病気で亡くなったことになっています。ですが、ワクチンの接種が始まってから、50万人も余分に人が命を落とす原因となるような出来事は他に何もありませんでした。

超過死亡数とは、前の年よりも何人多く死んだかを示す数字ですが、これが増えるのは大地震や戦争など特殊な災害が起きた場合に限られるのです。ですがこの三年間、東日本大震災ほどの大規模な地震災害もなく、日本が戦争に巻き込まれたこともありませんでした。超過死亡数の増加の理由が他にないのです。コロナで死亡したとされる10万人を差し引いても40万人です。これは**新型コロナワクチンの接種により、免疫力が低下し、ほかの病気を発症させて命を落とした人々が少なくとも40万人以上もいたということです。ワクチンの接種で免疫力が低下し、コロナ感染しやすくなり、重症化しやすくなることもわかっているので、実際には50万人ほぼすべてが、ワクチンの被害者といえます。**

東日本大震災の年でさえ、超過死亡数は二万人ほどでした。それと比較すると、三年間で50万人以上もの超過死亡数が認められたことはきわめて異常な事態です。

政府が正式にコロナワクチンの薬害であると被害認定した人は、2024年9月27日の厚労省の公表分までで、8180件の認定数です。そして、1977年2月から2024年9月まででの全ワクチン（コロナワクチンを除く）の被害認定は3687件しかないのです。これに対して、新型コロナワクチンは、2021年2月からの三年余りで、8180件ですから、いかに異常なことかわかるのです。しかも、審査未了が1432件もあり、申請件数は毎月200～300件ずつ増え続けている有様です。

政府は超過死亡数の増加の原因究明を行うつもりがなく、今後も、コロナワクチンの接種を続けていく方針です。くり返しますが、新型コロナワクチンによる予防接種健康被害救済制度による認定件数は約3年で8180件という異常な多さです。そして、この認定件数は、先述の超過死亡数を考えると、氷山の一角を認定したに過ぎないという恐ろしい事実をわたしたちに突きつけるのです。これが新型コロナワクチンが危険だという証明です。

日本は、2024年10月から、より危険なレプリコンワクチンを世界に先駆けて承認しました。日本人を使ったレプリコンワクチンの人体実験といえます。**ワクチンを開発した製薬会社の研究チームの社員たちが、『私たちは売りたくない！〝危ないワクチン〟販売を命じられた製薬会社現役社員の慟哭』（方丈社　2024年）という書籍を緊急出版しています。**コロナワクチンは、国際企業である製薬会社にとって大きな利益を出せるビジネスです。世界中の政府や大学教授などにロビー活動を行い、巨額の資金を使って宣伝工作を行い、まだ治験段階で、安全性も確認できていないコロナワクチンを大々的に広めたのです。

実際のところ、コロナワクチンによってコロナの感染を予防することはできず、重症化も予防できませんでした。それどころか、ワクチンの接種者が多い国、接種回数の多い国ほど、コロナ感染者と死者が多く、反対にワクチンをほとんど接種しなかった国では、コロナ感染者も死者も少なかったのです。コロナワクチンの生み出すスパイクたんぱくが、人体に長期間残留し、生殖器官や内分泌器官に蓄積して、膠原病や癌や不妊症を誘発させていることが明らかにされてきています。

そして、コロナの予防は、ビタミンD、ビタミンC、亜鉛などのビタミンやミネラルを十分に補充することで可能であることもわかってきました。ワクチンよりもはるかに安全な方法です。イベルメクチンの服用によって、感染しても、軽症で治癒できることも知られてきました。また、ボリビアでは、二酸化塩素水を適量飲むことでコロナ感染が予防できることが国によって認められ、二酸化塩素水を普及することでコロナ感染が激減したそうです。二酸化塩素水は、日本では水道水の殺菌にも使われている安全性の高い成分です。こうした本当に効果のある安価な対処法が世界に広まらないように情報統制が世界中で行われています。

安価な対処法が広まれば、高価なワクチンや新薬が売れなくなるので、情報統制を行っているのです。莫大な資金を使って政治家やマスコミへのロビー活動が行われているようです。**わたしたちが真実を知るには、書籍で情報を集めるほかありません。ワクチンの危険性を知らせる本がたくさんの医学博士や免疫学者によって出版されています。**真実を知ることができる推薦図書をコラム末尾にまとめておきます。

CBCテレビもワクチン薬害問題を積極的に報道してくれています。CBCニュースの報道動画（YouTube）で「新型コロナワクチンとインフルエンザワクチン　比較データから見える実態」という動画が、2024年11月9日に配信されていました。それによると、

2024年4月1日現在で、新型コロナワクチンの総接種回数が4億3619万3341回で、そのうち、接種後の副反応疑い報告が、3万7090件。接種後の死亡疑い報告が2204件とのことでした。これは2024年7月29日のワクチン副反応分科会資料です。こんなに接種している国はすでにありませんので、これは日本が世界最多の頻回接種大国であることを示しています。これに対して、インフルエンザワクチンは、2020年10月1日から2021年3月末までの統計で総接種回数が、6547万3916人。接種後の副反応疑い報告が323件。接種後の死亡疑い報告が3件です。これは新型コロナワクチンの接種が始まる前のデータです。この二つの比較をすると、総摂取回数は、6.6倍。接種後の副反応は115倍。死亡は、735倍となります。また、2024年10月31日時点での新型コロナワクチンの救済申請状況は、認定されている数が、8328件。うち死亡881件。この8328件とは、申請されたうちの67.8%にあたる数です。まだ結論が出ていない症例がほかに1405件も残っている状況です。そして、過去四十五年間で二十四種類すべてのワクチンでの予防接種救済認定数（1977～2021年）は、3522件。うち死亡は151件です。

四十五年間で全ワクチンの死亡数が151件。これに対して新型コロナワクチンは、一種類、たった三年半で、881人が死亡という事実。これでも新型コロナワクチンには「重大な懸念は認められない」（厚労省の立場）といえるのでしょうか。

●『今だから分かる、コロナワクチンの真実：世界の実態と日本の現実』（村上康文 著　花伝社　2024年）

●『なぜ、医師の私が命がけでWHO脱退を呼びかけるのか？』（井上正康 著　方丈社　2024年）

●『コロナワクチンが危険な理由2：免疫学者の告発』（荒川 央 著　花伝社　2023年）

●『きょうから始めるコロナワクチン解毒17の方法　打ってしまったワクチンから逃げきる完全ガイド』（井上正康 著　方丈社　2023年）

第三章　お金の悩みと積善の法則

目に見えぬ神の心に通うこそ
人の心の誠なりけれ

明治天皇御製

第六条　大利を興し建てる

●積善には段階がある

積善とは、人を幸せにすることであり、人に益する行いをすることです。また、見返りを求めず、愛と真心にもとづいて、人の為に尽くすことです。ここで、大事なことは、愛とは、必ずしも相手の言いなりになることではないということです。自由意志を侵害されたり、支配や束縛を受けるようなときには、自己の尊厳を守り、自由意志を堅持して、相手の強要や要求をはねのけることも必要になります。愛とは、相手の魂が磨かれ、向上していくことを手助けするものでなければなりません。身近な人が間違った思考や行動に向かっている場合、それをそのままにせず、より良い道へと引き戻すことが愛です。積善は、身のまわりの人を幸せにすることですが、それは、自他の魂の向上につながる方向で幸せになっていくものです。反対に、堕落したり、怠惰になったり、ネガティブな思考になっていくような方向での手助けは、積善ではありません。

積善の第一歩は、ゴミを拾うことや、身のまわりの整理整頓のような身近な善行です。そして、自分の生活を整えて、自己を修養し、諸能力を少しずつ磨いて向上させていくことが大切です。それと同時に身のまわりの人々を手助けし、周囲の人々に対して益する行いをすることです。自分の能力や長所をまわりの人の幸せのために役立てることで積善を重ねていくのです。職業を通して社会に貢献すること、会社経営を通して社会に貢献すること等、善行のやり方は多様です。専業主婦となり子育てに力を尽くすことも積善です。

そして、社会や国家に目を向けて、選挙に参加し、投票行動をすることで、政治の流れをより良いものに改めて、国民全体の幸福度を高めていくのです。選挙権があるのに選挙に参加しないことは積不善となる可能性があります。**投票に足を運ぶ人が少なければ、選挙の結果は、組織票に支えられている人物に有利になります。すると、特定の思想団体や利権団体の支援を受けた政治家が誕生し、社会のあり方を歪めてしまう法律が制定され、大多数の日本国民の暮らしが悪化していく可能性があります。**平成の三十年間と、令和になってからの年月は、まさにこのような悪循環でした。この期間、投票率は50％ほどしかない状態が続いてきたのです。半分の有権者は選挙に関心を持たなかったのです。また、投票に足を運んだ人々も、正しい投票行動をしたとはいえません。テレビや新聞などオールドメディアに踊らされ、よく調べることもないまま投票する人も多かったのです。その結果、財務省に支配された自民党が消費増税を繰り返して、庶民の生活苦を作り出し、低賃金の外国人労働者をどんどん引き込んで、日本人の賃金が上昇することを妨げてきたのです。２０２４年末の時点で、国民一人あたりの名目ＧＤＰは過去最低の22位まで落ち、韓国より下位となりました。Ｇ７最下位です。実質賃金は33カ月連続下落を続けています。若者は貧困化し、出生数は70万人を割り過去最低となっています。

日本は三十年間にわたって経済成長をしていません。世界のほとんどの国が経済成長してきた三十年間のあいだ、日本だけが奇妙な経済低迷を続ける結果となったのです。そして、かつて世界第二位であったＧＤＰは中国にもドイツにも抜かれて第四位となり、さらに下がろうとしています。ＧＤＰが下がるとは国民の収入が減ることと同じです。利権をむさぼる一部の集団を除いて、国民は確実に貧困化に向かっているのです。

自民党には、減税と積極財政を提唱する議員集団も存在します。城内実議員が顧問を務める「責任ある積極財政を推進する議員連盟」です。野党にも、積極財政派は存在します。このような、減税と積極財政を提唱する議員が当選できるように支援すると同時に、増税、緊縮財政を主張する議員は落選するように、落選運動を積極的に仕掛けることが国民を貧困から救済する道です。政治に関心がなく選挙に行くことがなかった人々の行動が変われば、国が救われ、大利を興すことにつながるのです。

●皆が幸せになれる積善とは？

自分の心の世界を地上の天国にし、自分とつながる親や子やきょうだいなど家族とのかかわりを地上の天国にし、家庭が調和し、平和であることが積善の土台です。そして、そこから、さらなる積善を重ねていくために、社会とのかかわりが大事になります。職業を持っている人は、仕事の活動を通して社会貢献できます。専業主婦や専業主夫も、家を整えることを職務として地域とのかかわりなど、社会との接点を持って世に益する行動ができます。そして、主権者として政治に参加することです。政治への参加とは、選挙に足を運んで投票行動をすることです。民主主義の国では、国民が高い見識を持って、世に益する人物を政治家として議会に送り込む必要があります。

国の一大事は国防安全保障であり、その土台となるのは国の経済力です。そして、経済力の土台は、適切な税制と、治安の安定です。**税が高すぎると、国民は貧困化します。貧困化は治安悪化の要因です。また、外国人を移民として大量に受け入れると、国内の治安は急激に悪化し、犯罪の被害に国民が苦しむことになります。高い見識のある国民を増やすには教育の充実も大切です。道徳教育や伝統文化に関する教育を普及させることが国の治安を安定させるのです。**

こうした政治が担うべき役割を適切に果たすには、それができる愛国心のある政治家が上に立つようにしなければなりません。利権をむさぼり、自分の利益のために活動するような人物が政治家でいる限り、国は腐敗し衰退するのです。選挙に参加するのはそのためです。

今の日本は、約一億人もいる有権者のうち、半分しか投票に足を運んでいません。約五千万人の国民は、選挙権があるのに投票に行かないのです。このような状態になったのも教育が廃れているからです。かつての教育では、「**お国のためになる立派な日本人になりましょう**」と教えられていました。戦前は修身という教科があり、偉人伝を教える形で、美徳のある人生観を教えていたのです。そのおかげで、道義心や愛国心がある日本人が多かったのです。このような認識であれば、選挙に足を運ぶのは国民としての当然の責務となります。

ですが、戦後の教育では、「お国のために」などという言葉は禁句のようになっています。国のためや社会のためではなく、自分の個人的な幸せを追求し、自分の権利を主張することばかりを学校で教えるようになってしまいました。日本国民としての自覚を育て、自分たちが主権者であって、選挙で投票することが国を守る行動なのだということが、十分に教えられていないのです。選挙に足を運び、愛国心ある政治家に投票することが国を守ることにつながり、それは自分と家族を守ることに直結していることを忘れてはなりません。選挙に足を運んで投票することは、たくさんの人を救うことにつながる大きな積善なのです。

●積善するために正しい情報を得る

自分が才能を磨いて、社会のトップをめざして、より大きな影響力を発揮できるようにすることも、積善の道です。どんな分野でも、その業界のトップになると、多くの人々に影響力を及ぼせるようになります。その分だけ大きな積善ができるということです。わたしたちが、人生に志を立てて、努力を重ねるということは、大きな積善につながる道なのです。そして、**業績を積み上げていくとき、神仏の加護を得て、守られながら進んでいくほうが、我力だけでがんばるやり方よりも、はるかに早く、大きな成果につながるのです。**天運を授かる生き方をすれば、いっそう大きな積善ができる環境を作り出すことができるのです。

そのためにも、立志と発願の祈りを絶やさず、毎日の生活のなかで自分のなすべきことを怠らず積み重ね、周囲の人々との和合を大事にし、小さなことからでよいので、積善の生き方を続けることです。小さな積善とは、小さな親切であったり、ゴミを拾うことであったり、身のまわりの整理整頓であったり、家族の手助けをすることなどです。足元から始まって、しだいに意識を拡大して、国の行く末や社会の問題にも目を向け、知性と教養をつけて、高い見識を養うことが大切です。すると、選挙に足を運んで誰に投票するかで迷うこともなくなります。国防安全保障をまっとうし、国民を豊かにする経済政策を行い、国民の平和と安全を守ることを優先する政治家が誰なのかを見極めることができるようになります。

情報を得るためのルートとして、テレビや新聞に頼ることは危険です。テレビも新聞も、スポンサーや大株主の意向に逆らうことができないのです。その大株主とは、巨大国際金融資本の支配を受けている大企業なのです。これはアメリカでも日本でも同じ状況です。これらのオールドメディアは、国際金融資本の影響、中国の影響、財務省の影響を強く受けているため、流れて来る情報は、特定の方向性を帯びた情報ばかりです。テレビや新聞だけを情報源にしていれば、このようなディープステートの洗脳工作によって動かされる走狗となるのです。

新型コロナワクチンによって多数の薬害が出て、超過死亡数が激増していることも、テレビや新聞では報じられることがありません。巨大製薬会社がスポンサーや株主となっているのですから、株主に不利になるような情報が報じられることはないのです。NHKも関連企業の株主がいますから、民放と何も変わりません。NHKと民法を差別化する意味はすでにないため、NHKは民営化すべきです。国営放送は別途創設し、国会中継や災害情報や教育番組は無料の国営放送で放映するべきです。

著者がお勧めするのは、チャンネル桜というネット上の動画ニュースです。これはYouTubeやニコニコ動画などで視聴できる番組です。**チャンネル桜は、日本の伝統文化**

の復興と保持を目指し、日本人本来の「心」を取り戻すべく設立された日本最初の歴史文化放送局です。大企業や宗教団体、利権団体などからの資金提供を一切受け取らず、スポンサーの意向に左右されない真実の情報を報道しています。

ＹｏｕＴｕｂｅやニコニコ動画で「チャンネル桜」を検索することで、無料で番組を視聴することができます。テレビや新聞の報道とはまるで違う、次元の高い内容を知ることができます。正しい情報を集め、学ぶことによって、今、わたしたちに何が必要なのか。どう動くべきなのかがわかるようになるのです。チャンネル桜を支援する「二千人委員会」や「桜サポーター」に参加して運営を助けることも大きな積善となるはずです。

また、ＳＮＳでは、エックス（旧ツイッター）に登録するとよいでしょう。エックスでは、地上波テレビなどのオールドメディアでは報道されていない日本と世界の情報を知ることができます。オールドメディアは既得権益集団なので、自分たちの利益に反する情報は報道しません。ですが、エックスではそれらの情報がすべて丸わかりとなっています。正しい情報を手に入れることは、人生を左右するほどの一大事ですから、これまでテレビや新聞の情報だけに頼っていた人は、この機会にぜひ挑戦してみてください。

第七条　財を捨てて福を作す

●この世におけるお金の意味とは？

因果応報の法則について理解が深まると、この世での豊かさもまた、生まれ変わりのなかで積み重ねた積善や積不善の因果応報の結果として存在することがわかります。生まれながらに裕福な家の子に生まれたのであれば、その人は前世で、物やお金を他者のために施して、大きな積善を行ったということです。反対に、前世で他人のお金や財産を奪ったり、盗んだり、私腹を肥やして周囲の人々を苦しめたような人は、生まれ変わると、貧しい家の子に生まれたり、あるいは、その人生のなかで、前世の自分がやったことのつぐないをするような目にあうのです。同じように会社を起業しても、どんどん成功して豊かになる人もいれば、失敗を繰り返し貧困に陥る人もいます。本人の才覚と努力も関係しますが、運という要素もかなり大きいといえます。

このような財運、金運といったものは、前世からの影響なのです。厳密には、前世での行いによって、生まれ変わり先が決まり、生まれ変わった先の家系が継承している、家代々の積善の果報を受け取るのです。このことを『**易経**』では、「積善の家には余慶あり。積不善の家には余殃《よおう》あり」と教えています。**先祖が善徳を積んでいると、子孫にその果報が慶事となってめぐってくるということです。先祖が悪徳を積んでいると、子孫にその報いとしての災いがめぐってくるということです**。このように家系という集合体にも因果応報の法則が働いていて、それが個人に働く因果応報と連動し、相関しているのです。

この世で豊かになりたければ、お金を稼ぐために何らかの価値（モノやサービスなど）を社会に提供していくことはもちろんのことですが、それに加えて、少しずつでも他者に施す積善をして、積善の果報を増やしていく必要があります。もちろん、こうした善行を打算で行っても積善の効果は生まれません。意義を理解して、愛と真心から発した行いとして、見返りを求めない心で善行を行うとき、はじめて積善となり、積善の果報がめぐってくるようになるのです。豊かになるためには、働くことで報酬を得ていく必要がありますが、それに加えて積善も大事なのです。**積善をすればするほど、財運が増していく**といえます。生まれてきたときに持ち大にある人は、努力したことの成果が形に現れやすいのです。反対に、生まれてきたときに持ちこした財徳がわずかしかなく、それどころか、お金で他者を苦しめたカルマの負債を背負っているような人は、今生での努力が成果になるのに多大な時間と労力が必要になります。ですが、そのような人でも、世のため人のため国のために益することを発願し、積善を重ねて生きるなら、しだいに天運を授かるようになり、努力が実を結ぶようになっていくのです。

世の中には、悪しき金儲けによって富を得ている人々もいます。他者をだましたり、陥れたり、抑圧することで富を得ている場合、それは多大な積不善を重ねていることになります。このような理不尽なことをしていても、本人に前世から持ち越したプラスのカルマの貯蓄がまだあるうちは、すぐには因果応報の報いはめぐってきません。そのため、人によっては富裕な立場を維持したまま天寿を終えることもあります。

このような人は、死後の世界に行ってからがたいへんです。金銭によって他者を苦しめた場合、罪の深さしだいでは、千年以上も転生が許されず、地獄界に閉じ込められたままとなるようです。そして、ようやく許されて転生できても、今度は、貧困や借金苦や詐欺の被害者になるなどの不運を経験する転生を何回も繰り返すことになります。カルマの負債を完全に返済し終えるまで、これが続くのです。このような末路にならないためにも、「**人もよし、我もよし、社会もよし**」という観点から、商売をしていくことが大切です。

もし、その人の労働や社会貢献度に相応しいだけの報酬を受け取れていない場合は、その受け取れていない部分はすべて、積善したことになります。この場合は、ただ誠実に仕事をしているだけでも積善を重ねていく結果になります。反対に、**その人の労働や社会貢献度よりも高い報酬を受け取っている場合は、余分に受け取っている部分は、すべて前世の積善の果報を引き出して**

いることになります。前世でのプラスのカルマの貯金を下ろしていることになるのです。その結果、このような状態の人は本来の天寿よりも早くに寿命が尽きて、早死にするようです。本来80才まで生きることができたのに65才で死んだりするのです。

報酬をもらい過ぎている恐れがある人は、それ以上に積善を実践して、お金による善行をすることです。チャリティや寄付などの方法で、もらい過ぎた部分を神様にお返しするのです。こうすることで、寿命が早く尽きるのを防ぐことができます。**お金による積善は、寿命を延ばす効果が大きい積善です。**お金とはそれだけ困っている人を助けるパワーがある、生きる糧なのです。もちろん、この仕組みを知ったことで打算的な気持ちで寄付しても、積善としての効果は十分に出ません。世のため人のため、困っている人を救うため、という愛と真心の気持ちから見返りを求めない心で行うことで、真の積善としての効果が生じるのです。

●国家とお金

国家は、通貨を発行して国家事業を行います。日本であれば円を発行して、それを財源にして、道路を作ったり、港を作ったり、公務員に給与を出すのです。その結果、国民のなかに、発行された円が行き渡り循環します。この通貨の供給量が一定量を超えてくると、通貨の価値が下がって過度なインフレーションが起きてきます。そこで税金によって、お金を回収して、お金の供給量を調整するのです。これがお金の真実であり、**税は財源ではありません**。政府は先に税金を徴収してから、その資金で国家事業を行っているわけではないのです。政府は先に国債発行によって実質的な通貨の発行をしているのです。ですから、財源は国債であるということもできます。

国債は政府の借金だから国債発行をしてはいけないと主張している人がいますが、**国債は、いわゆる借金ではありません。なぜなら、国債は、返済すべきときがくると、新たな国債を発行することで借り換えを繰り返しているものなのです。国家が存続し続ける限り、無限にこれを繰り返していくことができるのです。つまり、わたしたちの家庭や企業の借金と、国債とはその性質がまるで違うものなのです**。家庭や企業が借金したら、必ずそれをお金で支払って返済しなければ破産します。ですが、国家は、お金で支払わず、新たな国債を発行することで借り換えを繰り返すことができ、しかも、国家が存続する限り、それは無限に続くものなのです。これを称して、**国債発行は通貨発行**というのです。

実際に国債発行すると、お金は民間に行き渡ります。たとえば、ある道路を作るために国債を発行してお金を用意した政府は、そのお金を土木事業する企業に支払うのです。その結果、政府が国債発行をした分だけ、民間の会社にお金が増えるということになります。つまり、**政府の赤**

字は民間の黒字という話です。このように、景気が冷え込み経済が沈んでいるときは、政府は通貨発行によって財政出動をして、民間の仕事を増やして景気を刺激するのです。同時に、減税し、民間の企業や個人の手元にお金が残るようにして、人々が経済活動しやすいようにするのです。また、国内事業をさかんに行うことで、国民の仕事を増やして、国民を豊かにするのです。

今の日本は実質賃金が下がり続けています。そして三十年間にわたって日本は経済成長をしていません。このような国は世界で日本だけです。なぜ、このようになったのかというと、政府が財政出動を控えて、増税を繰り返したからです。**今の日本にとって大事なことは消費税やガソリン税を廃止することです。そして、社会保険料の徴収を廃止することです。このようにして若者や労働者の手元にお金が残るようにするのです。手取りを増やすということです。これらの財源はすべて国債発行でまかなえるのです。**このようにすれば、国民の暮らしは楽になります。これまで結婚できなかった貧困な若者も、手取りが増えれば結婚し、子を産み育てることができるようになりますから、少子化も解消するのです。そして、冷え込んでいた消費が回復しますから、国民の収入も増えていき、結果的に税収も増えるのです。このような政策を実行できる政治家を当選させるために選挙に足を運ぶことが積善につながります。

今の日本では、五公五民という過酷な税負担に国民が苦しんでいます。収入の半分を税金や保険料で取り上げられているのです。江戸時代なら一揆がおきているような高い税負担です。高度経済成長をしていた時代の日本は、三公七民ほどの税負担でした。そのレベルに戻すことができれば、日本経済を復活させ、ＧＤＰが世界第二位であった頃の日本を取り戻せるのです。かつては世界全体のＧＤＰの25％を占めていた日本経済が、いまや、たった数パーセントに縮小してしまったのは、財務省による緊縮財政路線が原因です。

日本国内における日本国民の敵が財務省といえます。財務省と戦い、ねじふせることができる政治家を応援することが大切です。そのためにも選挙に足を運んで、**緊縮財政や増税を容認する政治家は落選させることが大切です。反対に、消費税の廃止、緊縮財政から積極財政への転換を主張する政治家を当選させることが大切**なのです。

消費税の増税をすべきと主張する人々は、かつて、ギリシャやロシアなどが財政破綻した事例をあげて、日本もこのままでは財政破綻するから、増税するしかないと述べています。ですが、これは前提が間違っているのです。ギリシャも、ロシアも、自国通貨建ての国債ではありませんでした。ギリシャの場合はユーロであり、ギリシャ自身が通貨発行できません。ロシアの場合もドル建ての国債での破綻でした。これに対して、**日本は、円建て国債です。自国通貨建ての国債ですから、通貨発行権を持つ主権通貨国である日本は、通貨発行によって国債を償還できるのです。そして、その実際のやり方は、借り換え債の発行なのです。つまり延々と円建て国債で借り換えできる仕組みですから、実質的にはこれは借金とはいえない存在です。**家庭や企業と、半永久に存続する国家では、この点が違うということを理解することが大切です。

今、重要なことは国民の手取りを増やすことであり、そのためには消費税の廃止が最優先事項です。また、社会保険料の徴収の廃止も若者の手取りを増やすため必須です。それを行う財源はすべて国債発行でまかなってよいのです。


第一章で、パーソナリティについて解説しましたが、パーソナリティの歪みは、愛着障害から生まれてきます。そして、愛着障害は、特に乳幼児期に親や保護者からひどい扱いを受けることで起こります。**国民が貧困化すると、乳幼児を保育施設に預けて母親が労働しなければならないケースが増えます。そして、保育施設での虐待事件は全国で増え続けています。乳幼児が保育士によって暴言、暴行、虐待を受ける事件が跡を絶ちません。そもそも、母親以外の人間が長時間にわたって乳幼児の世話をすること自体が愛着障害を生み出すのです。**母親以外の存在が、我が子でない乳幼児に対して、十分に共感的、受容的な無償の慈愛でかかわることができるのでしょうか。乳幼児期に母親から長時間引き離される体験によって愛着障害になり、そこからパーソナリティの偏りを抱え、人生が歪んでいくのです。

保育施設や保育士を増やすよりも、母親が乳幼児を自分の膝元で安心して育てられる経済政策が急務です。女性が安心して専業主婦になれる社会にすれば、少子化などたちまち解決できるのです。ところが現在の政府やマスコミは専業主婦を保護するどころか、専業主婦いじめとなるように動いているのです。

●地球温暖化CO_2原因説は大ウソ

人々を惑わす世迷言の一つが、二酸化炭素（CO_2）が地球温暖化の原因であるという話です。この説は研究者によって科学的に否定されている説です。このことをいまだに知らない人も多いようです。気候変動は、人類が二酸化炭素を排出するようになった産業革命以前にもありました。産業革命以前の気候変動は二酸化炭素とは関係なく起きており、さらには、産業革命以降の気候変動も二酸化炭素とは無関係なのです。実際には太陽の活動が気候変動の原因であることがわかっているのです。太陽の問題は人間がどうこうできる話ではありません。

このことは、たとえば、**『地球温暖化「CO_2犯人説」の大嘘（宝島社）』という書籍を読めば、複数の科学者の研究成果が詳しく解説されていて誰でも納得できるのです。**二酸化炭素の削減の政策は、日本の国が経済発展することを妨害するものであり、この事実を国民に広く普及する必要があります。

植物が育つ最適のCO_2濃度は1000PPMであり、氷河期になってそれが180PPMまで落ち込んでいました。現在は、人類の産業活動でようやく400PPMまで回復したところです。産業革命以前は180PPMまで落ち込んでいました。CO_2が150PPM以下になると植物は餓死します。5億年前は地球上のCO_2濃度は7000PPMもありました。そのころの豊富な植物が炭化したのが、石油や石炭などの化石燃料なのです。もし、人類がCO_2の排出をどんどん抑制すると、地球が小規模な氷河期にこれから向かうので、海からのCO_2放出が減っていきますから、地球上のCO_2が現在の400PPMより減り、植物が育たなくなり、結果的に動植物が滅びます。人類滅亡にもつながってしまうことなのです。

松の木にCO_2濃度が高い部屋と低い部屋を用意して、それぞれ育てると、CO_2濃度が低い部屋では小さな木しか育たないことが証明されています。CO_2濃度が高い部屋では大きな木に育つのです。CO_2は植物の食べ物です。

CO_2悪玉論に立つとしても、CO_2を最も排出している国は中国です。世界全体の三割も排出します。中国、アメリカ、インド、ロシアの四大国で温暖化ガスの50%以上を排出し、彼らは一切CO_2排出削減しないのです。日本は世界全体の2・7%しか出していないのです。日本がCO_2排出削減の政策を続けることで、結果的に米中露印だけが経済成長して、日本は経済縮小して貧困化、弱体化していくのです。

●食糧もエネルギーも100%自給できる

日本の領海内には、膨大なメタンハイドレートが埋蔵されています。メタンハイドレートを実用化すれば、日本は化石燃料を輸入することなく、エネルギーを100%自給できる国になるのです。メタンハイドレートは、深海から気化して気泡となって上がっていっています。放置しているとそれはメタンガスになって大気中に雲散霧消してしまいます。この気泡の柱をとらえて膜によってガスを集め、エネルギーとして使うことができるのです。これは青山千春博士による研究で明らかになっていることであり、青山博士は日本海に眠る表層型メタンハイドレート研究の第一人者で、東京海洋大学の海洋資源環境学部の准教授です。この研究を政府が全力支援し、実用化を進めれば、日本は資源大国になれるでしょう。

また、原発に対する過剰な反対運動も、日本の国が経済発展することを妨げています。原子力発電の技術はすでに次世代の技術が確立して、より安全性の高い原子力発電所を建造できるようになっているのです。メタンハイドレートと次世代原発を推進すれば、エネルギーの自給自足が実現します。すると、「エネルギーの輸入が止まることで国が行き詰る」という危険要素を取り除くことができます。日本がアメリカと80年以上前に戦争することになった最大の理由は、石油の輸入を止められたことでした。自前の資源があれば、他国による圧力に屈する必要性がなくなり、戦争に巻き込まれることも起きなくなります。

食糧を輸入に依存することも安全保障上の大きなリスクです。日本の食料自給率は、1965年には70％以上ありました。ところが、現在は38％と先進国で最低の水準です。食糧を自給自足できる国になることが、自主独立した国になることにつながります。日本は、国土のなかにすべての気候帯が含まれていますから、生産できない農産物はありません。**日本の農家が減少しているのは、日本が世界でいちばん農業への保護が少ない国だからです。欧米の国々では、農家は公務員のように生活が十分に保障されている国も多いのです。**日本においても、国による十分な支援や生活の保障さえあれば、農業生産を担う希望のある若者も多いのです。日本の国にお金がないという財務省の嘘の宣伝によって、農業への支援はどんどん減らされて、日本の農家は衰退したのです。財務省による緊縮財政の政策が日本の食糧自給率を下げたといえます。国民ひとりひとりにできることは、日本を資源大国にし、国民を豊かにして、安全保障も盤石にしてくれる、良き政策を行ってくれる政治家が誰であるのかを調べ、国民のために尽くしてくれる政治家が当選できるように、選挙に足を運ぶことです。

財務省が緊縮財政に走るのは、財政法四条という法律があるためです。これは敗戦後にGHQ主導の元に作られた法律であり、日本が二度と戦争できないように、国債発行を封じこめた法律です。軍備を持たせないための憲法九条と軍費を調達させないための財政法四条で、日本の手足を縛り、自衛のための戦争ができないようにされたのです。これらの悪法を廃止することができる政治家がリーダーになることで、日本は真の独立国になれるのです。

朝日新聞などのオールドメディアは、原発は危険だから廃止すべきだと主張しています。しかし、これは真実とは違います。原発を止めた結果として、現在、年間4兆円近い余計なお金が石油に流れています。一日100億円以上の石油が燃やされているのです。そして、石油産業を牛耳る国際企業を儲けさせているのです。日本が原発を止める必要性などありません。なぜならば、東北大震災で壊れたのは、旧型のアメリカ製原子炉だけだからです。千年に一度といわれる大震災でも、日本製の原発は一基も壊れなかったことが証明されたのであり、むしろ、震災は日本の原発技術が世界一であることを証明したことになります。

そして、服部禎男氏（世界的放射線科学の権威）は、すでに超小型原子炉という技術を完成させています。「超小型原子炉」は、本質的に安全、三十年間燃料交換不要、制御棒不要、運転員不要、発電コストは10分の1という夢のような技術です。服部禎男氏の『遺言　私が見た原子力と放射能の真実』（かざひの文庫）という本に詳述されています。この技術は日本と世界を救うものとなるでしょう。このような安全な技術がどんどん生み出されています。

そもそも、原発をゼロにすることなどできないのです。なぜならば、日本はエネルギー安全保障の問題を抱えているからです。すべてを海外からの石油に依存しているならば、中東に大戦争が起きれば、日本への石油の輸出も止まります。そうでなくとも、日本は今、高すぎる石油を言い値で買わされているのです。ドイツは原発ゼロを宣言しましたが、いまだに原発を止められずにいます。太陽光や風力などの自然エネルギーは、天候に左右されて不安定で実用に向かないからです。結果的に、ドイツはフランスの電気を購入しているのです。フランスは原発大国です。

「放射線が危険だから原発に反対している」という前提が間違っています。放射線は、決して危険ではありません。**ホルミシス効果というものがあり、低い線量の放射線は健康増進作用を持っています。**原爆や水爆のような高い線量の放射線は有害ですが、低い線量の放射線は有害どころか、むしろ病気を治すのです。

今回の東北大震災の原発の事故によって、放射線で病気になったり亡くなったという事例はまったくありませんでした。これは、医学的な疫学調査がなされて証明されています。たとえば、甲状腺癌の発生は、全国平均と比較して変わりがなかったのです。服部禎男氏の『「放射能は怖い」のウソ』（かざひの文庫）という本に、これらのことが平易に理解できるように解説されています。

専門書としては、『放射線ゼロの危険 ―LNTモデルのもたらす世界危機の克服』（医療科学社）に詳細な科学的データを示して解説されています。

事故の後、専門家が実地に福島の避難区域を調べて、放射線のレベルは問題がなく、避難命令は直ちに解除すべきだと提言したのに、政府は解除しませんでした。必要性もないのに除染活動も続きました。福島よりも放射線レベルが高い土地は世界中にあります。そこで人々は健康に暮らしているのです。

原発反対の運動家たちは韓国、中国にある原発には文句を言いません。つまり、原発反対運動の資金源が中韓から来ているものだということです。核に関するテクノロジーを日本に持たせないための工作です。そしてもう一つ、背後にいるのが、石油系世界企業です。日本に石油を高値で売り続けるために、彼らは日本の原発に反対し、メタンハイドレートなどの自前のエネルギーを日本が持つ事を妨害しているのです。日本近海には豊富なメタンハイドレートが存在し、それは簡単に採取して実用化できることが明らかになっています。青山千春博士が、私財を投じて研究調査を積み重ね、明らかになっているのです。それなのに、政府はその実用化に向けて十分に動いていない状況です。開発すれば日本は資源大国となり、石油を買う必要性もなくなるのです。

●移民政策は国を亡ぼす

出入国在留管理庁は、2024年6月末の時点で日本に在留する外国人は358万8956人となり、過去最多と公表しています。資格別にみると、永住者が90万人と最も多く、次いで技能実習の43万人でした。特定技能は25万人を超え、大きく増加しました。在留カード及び特別永住者証明書上に表記された国籍では、中国84万人、ベトナム60万人、韓国41万人が上位にいます。不法残留者数は7万7935人です。**移民推進の最大の問題は、文化や習慣や帰属意識を共有できない人々が国のなかに多数を占めるようになることです。その結果、それまで安定していた治安が急激に悪化し、犯罪が増加します。この現象は移民を大量に入れたすべての欧米諸国で起きているのです。**

そもそも、文化や帰属意識や慣習は、長い年月をかけてできあがるものです。日本の場合も、二千年以上の時間をかけて、日本民族としての共通の文化や習慣や帰属意識を育んできたのです。わたしたちが長い年月をかけて安定させてきた治安という莫大な維持コストのかかるものを捨てるのが移民政策です。犯罪が増えることも問題ですが、国の秩序そのものが壊れていくのです。安定した社会を維持するためには伝統や慣習を幅広く共有する人々の存在が必要です。移民政策によって、異なる習俗や異なる慣習の人々を急激に受け入れると、最初に起こるのが治安の悪化です。そして、移民政策がさらに進んでいくと、異民族たちが結婚して子どもを産み、日本人とは異なる価値観を持つ大集団となって、日本社会の姿を変えてしまうのです。「生粋の日本人」がやがて少数勢力になり、日本の形が歪められていくのです。日本は、外国人が簡単に帰化許可を取れる国です。毎年一万人前後が帰化し続けていて、そのうちの六千人から七千人は中韓からの帰化です。審査を厳格化してこの流れにブレーキをかけるべきです。

外国人労働者を日本にどんどん入れようとしている勢力は、外国人を低賃金労働者として求めているのです。目先の賃金格差による薄利を得るために、政治家に働きかけて、移民推進の流れを作ろうとしています。わたしたちの子々孫々の平和な暮らしを守るために、今こそ政治に目を向け、悪しき政治家を落選させる必要があります。**愛国心のない売国奴のような人物がトップにつくような党に過半数を与えたら、LGBT 法を制定されたように、党議拘束で「移民推進」や「夫婦別姓」などの法律が作られる可能性がある**のです。

移民を受け入れを推進する立場の人は人道主義、博愛などを旗印にして移民受け入れが文明国の義務であるかのように主張します。ですが自国の治安を破壊し、自国民を苦しめることが人道主義でしょうか。政治上の苦難の結果、母国から出てくる政治難民や、災害、戦争による難民について、難民救済に取り組むことは当然のことです。そして、どのような形で取り組むかは、いろいろな考え方があります。**いかなる人も生まれ育った国で幸せに豊かに暮らすほうが良いのですから、それを支援することが、根本的な解決策です。難民の母国の状態を改善する努力こそが世界が取り組む優先事項です**。

今、世界で問題になっているのは、難民ではなく、移民問題です。労働移民の問題が世界に混乱をもたらしているのです。労働移民とは、生まれた国から出てよその国で出稼ぎをする人です。国連では、十二か月以上、生まれた国から離れている人のことを移民と定義しています。**国連の定義にもとづくと、日本は年間受入数が世界第4位の移民受け入れ大国**です。欧米諸国も長年、労働移民を受け入れていました。その結果、異文化の移民が大量に住むようになり、治安が悪化し、犯罪が増えました。移民として住み着いた人々は決して幸せにも豊かにもなれず苦しんでいます。そして、もともとの国民も治安の悪化やテロに苦しんでいるのです。日本が治安を維持していくには、外国人の割合は現状より減らすべきことは明白です。マンション管理組合、町内会、学校、教師、会社の経営者、職場の上司、公務員、政治家、弁護士、医者など自分のまわりが異民族によって占められてから気づくのでは遅すぎるのです。

少子化で人手が足りないからと、労働移民をどんどん推進している政治家や経済評論家がいますが、低賃金労働者が増える限り、国民の平均給与は上がりません。国民の年収も上がらず、税収も増えないのです。**かつての高度経済成長の時代には、人手不足でも、外国人労働者を導入しませんでした。その結果、人手不足によって平均賃金が上がり、国民の年収が増えました。また技術革新が進んで労働者一人あたりの生産額が増えて、国民一人一人が年収増となり、政府の税収も増え、日本の経済は飛躍的に発展しました。**この時期、出産が増えて人口も増えました。この時と同じようにすればＧＤＰは世界第二位になりました。

政府が建設国債を発行して、全国の鉄道網の整備、老朽化した道路や港湾の修復や水道管の修復などの公共事業に資金投入すれば、市場はうるおい、経済は活性化します。豊かな暮らしができるようになり、専業主婦で子育てをすることが容易になることで出産が増えて、少子化も解消されるのです。労働移民を低賃金で働かせることは、移民に対しても失礼なことをしているのです。ドイツやフランスなど欧米でも、いわゆる３Ｋの仕事を外国人労働者にさせていたのです。３Ｋの仕事は、きつい、汚い、危険な仕事ですから、低賃金ではなく、相応の報酬を出し、その国の国民が担うべきではないでしょうか。介護の仕事なども、日本人の介護は、日本人がするのが本来ではないでしょうか。めんどうな仕事を低賃金で外国人にさせるという思考様式こそが、大きな間違いではないでしょうか。移民などしなくても生まれた国で仕事があって豊かに暮らせるようにすることが、その人たちの幸せにつながるのではないでしょうか。そういったことを考えもせず、移民は受け入れるべきだと杓子定規に主張することがいかに無知で愚かなことかを知っておく必要があるでしょう。

人類の遺産であるそれぞれの国の伝統や文化を、それぞれの国が守ることがいかに大切か、考えれば考えるほど、移民を無防備に導入することは危険です。受け入れ先の国も文化と経済と治安が壊れていき、移民の人々も結果的に少しも幸せになることはなく、あいかわらず、その外国で貧困と治安の悪化の中、苦しい生活を続けています。**移民受け入れとは、人類愛を実践しているつもりが、かえって人類を不幸にしている愚行である**ということを知れば、より賢明な方法で世界を救う方策が立てられるはずです。

コラム3

自衛核武装した永世中立国をめざせ

厚生労働省の調査では、日本の六割の世帯が生活の苦しさを訴え、特に子育て世帯と高齢者世帯で深刻さが増しています。物価高に対する賃金上昇の停滞が主な要因です。三十年間、賃金上昇が見られない原因は政府の「緊縮財政」政策にあります。最大の要因が消費税の増税です。**消費税には所得の低い人の負担割合が多くなる特性があります。貧しい人のほうが負担率があがるのです。**人々の可処分所得（給料から税金と社会保険料を引いた額）は三十年間のあいだに増えるどころか減少しているのです。手取り額が減っているから、若者は結婚できず、子育てもできないのです。日本はバブル経済の崩壊後に、財務省が緊縮財政の方向に世論や政治を誘導しました。これによって長期デフレが続いています。輸入資源の高騰で物価は上がっていますが、実質賃金は低迷し、本質的には経済が縮小するデフレ局面にあります。

中国は日本の四倍の軍事力で日本を属国化するという予測もあり、このままでは日本の未来は暗いと思っている人も多いようです。ですが、日本が、中国やロシアや北朝鮮などの核武装している外国からの侵略を防ぎ、国民を豊かにして人口を増やし、国を繁栄させ、世界の盟主となって、世界平和に貢献する方法はあるのです。そのためには、緊縮財政を廃止し、積極財政に軌道修正する必要があります。

中国の核弾頭が数千発を超えている今、日本はすみやかに核武装して核抑止しなければ、ウクライナのように戦争に巻き込まれることになるのです。通常軍備を増やすよりも、核武装するほうがお金がかからないのです。

そして、早急にやるべきことは、消費税、ガソリン税や自動車税、高速道路の通行料金、労働者の給与から差し引かれている社会保険料、このほか、さまざまな税金の減税です。60才を超える国民には月20万円の基礎年金を支給したり、ハンガリーのように子を産むと税が免除される仕組みも必要です。

また、新幹線をすべての都道府県に拡大したり、メガトン級タンカーが入港できる大きな貿易港を増設したり、完全な国産による自衛隊の武器整備を進めることも重要です。JRや郵便局やNTTは、再び国有企業に戻し、発電と送電の事業や水道事業も国有化されるべきでしょう。これらは国の安全保障にかかわる重要インフラであり、外国にのっとられることがないように守る必要があるからです。**それらの財源は、国債の発行（つまり通貨発行）でまかなえるのです。**

日本は本来、エネルギーと食糧を自給自足することができる国なのです。エネルギーについては日本近海に膨大なメタンハイドレートが存在し、実用化すればエネルギーは自給自足できるようになることがわかっています。海底には油田もあります。また、事故の心配のない安全な小型原発を作る技術はすでに確立されているのです。食糧については、欧米各国のように国が十分に農家の生活を保障すれば、農業従事者は増え、小麦や大豆などの輸入食糧は自給自足できるのです。

現在の日本は、利権政治家、売国政治家などに牛耳られ、食糧もエネルギーも海外依存するように仕向けられてしまっています。この流れを変えるには国民がめざめるしかありません。スパイ防止法や産業スパイ防止法、そして皇室に対する不敬罪などの制定も必須です。外国資本がこれ以上、日本の土地や基幹産業や重要インフラを買収できないよう法改正も必要です。国防や安全保障を第一に考えて国民の幸せを最優先する政治家を当選させるために選挙に参加し、投票し続けることが大切です。選挙権を持ちながら投票に行かない国民が五千万人もいるという現状を改めることで国が救われるのです。アメリカによる支配、中国による干渉、財務省による緊縮財政、テレビや新聞などのオールドメディアによる情報統制、といった闇の力を排除して日本国が自主独立し、自衛のための核武装をすることで、日本の未来は安泰となるでしょう。国民ひとりひとりが目覚めることで必ず実現できると信じています。

第四章　天運を呼ぶ生き方と神霊世界

わが国は神のすえなり神まつる
昔の手ぶり忘るなよゆめ

明治天皇御製

第八条　正法を護持する

●正法の第一は、因果応報の法則

袁了凡は、積善の十カ条の第八条において、「正法を護持する」と教えています。袁了凡は因果応報の法則を踏まえた生き方を守ることが、正法を護持することなのだと述べています。ここではそれをさらに発展させ、因果応報の法則と、それに関連したいくつかの法則を含めて理解を深めましょう。因果応報の法則を「過去の罪によって理不尽に裁かれる仕組み」という受け止め方をして、拒否反応を示す人もいます。ですが、**因果応報の法則の本質は、「今この瞬間の己の生き方しだいで未来はいかようにも変えられる」というところにあるのです。今の自分がどんな種をまくかで収穫される成果は変わるのです。**善き種をまけば善き未来が成就し、悪しき種をまけば悪しき未来が成就するのです。因果応報の法則は、積善の法則と言い換えることもできます。積善を行えば、その積善の果報が未来に実現するのです。このことがわかれば、あとは、どれだけの積善を積み上げるかということですから、すべては自分次第ということになります。そして、もし、人生に好ましきことが少なくて嫌なことが多いなら、それは、自分の責任ということになります。すべては「我が不徳の致すところ」ということになります。因果応報の法則を悟れば、天を呪うとか、運命を呪うということはできなくなります。また、不運や不幸を誰かのせいにすることもできなくなります。

世の中には、自分の不運や不幸に安住したいという考え方にとらわれている人もいて、そのような人たちは、不運や不幸は誰かのせいで起きたことだと考えたいのです。そして、「自分は悪くない。悪いのは世間だ。悪いのは親だ。悪いのは○○だ」と主張することによって、努力しない自分や変わりたくない自分を肯定しようとします。このような人々にとって、因果応報の法則を悟ることは、恐ろしいことなのです。それゆえに、この法則を受け入れることを拒みます。その結果、前世や生まれ変わりも否定し、唯物論に走るのです。そして、唯物論に走ることで、「今だけ、金だけ、自分だけ」というエゴイズムの思想にとりつかれるようになります。

このような「唯物宗教」を信奉する者たちが、政治権力の座に就いたり、巨大国際金融資本の頂点に立つと、世界に混乱を招き、戦乱を誘発し、人々を苦しめるのです。そして、世界の混乱を喜ぶ人々の多くは、自己愛性パーソナリティや反社会性パーソナリティ（サイコパス）の傾向を持つと考えられます。**因果応報の法則を悟った人間は、自然に、愛と真心と調和の精神に立脚して世界とかかわるようになります。善因善果、悪因悪果の作用をふまえてこの世を生きるので**

あれば、そうなるのは当然の帰結です。

ですから、世の中をより良く改めていくためには、多くの人が因果応報の法則を悟り、生まれ変わりや前世の存在を受け入れ、法則にそった生き方を選択するように導くことが重要になります。その意味でも、世直しの鍵は、やはり、教育や啓蒙の活動にあるといえます。

●心理学は有益だが唯物論の限界がある

臨床心理学を学ぶことは、対人関係の苦しみを減じるうえで有益です。精神疾患についての知識を持つことや、愛着障害、パーソナリティ障害についての知識を持つことは、対人関係を適切に整え、距離をとるべき相手と距離をとり、信頼できる相手と良い関係を構築することを助けてくれます。大学の授業では、教養課程などで臨床心理学が含まれている学校も多いですが、著者は、むしろ、中学校や高校で学ぶ科目の一つとして、臨床心理学が必要であると考えています。特に、愛着障害の問題、パーソナリティ障害や、発達障害の問題、そして、それらのグレーゾーンの問題などは重要です。それらの知識は、対人関係の悩みを減らし、多様性を認める理解力を増し、人格涵養を促進する助けになるのです。いじめ、虐待、ネグレクトなどの問題を解決していくうえで、これらの教育、啓蒙の活動は有益です。刑法などの犯罪に関連した法律を学校で教育することとあわせて、臨床心理学を広く学校教育に取り入れることが世直しにつながるでしょう。

しかしながら、**心理学を突き詰めると、どうしても唯物論に傾きがちです。唯物論に意識が向かうと、「今だけ、金だけ、自分だけ」というエゴイズムに走りやすいのです。**そこで唯物論に対抗するものとして、因果応報の法則を中心に据えた人生哲学を同時に教えていく必要があるといえます。袁了凡の伝記を含め、因果応報の法則をうかがい知ることができるような偉人伝を教材として使用することが最善と考えます。建国神話を含めた日本神話も教えるべきでしょう。一部の学校では、デス・エデュケーション（死の準備教育）というものが取り入れられるようになってきています。ですが、現行のデス・エデュケーションは、死の恐怖と対面させる要素ばかりが目立ちます。なぜ人は生まれてくるのか。なぜ因果応報の法則があるのか。死後、人間はどうなるのか。という内容が含まれていません。たとえ、結論が出なくても、臨死体験や前世療法や、前世を記憶する子供などの事例を「考える材料」として提供する教育が、これからの社会に必要と考えられるのです。

●正法の第二は、想念の現象化

正法の第二は、想念の働きについての正しい理解です。わたしたちが、心に描く想念は、類似の現実を引き寄せてしまうのです。これも因果応報の作用の一種です。**想念が現実の現象に変化するので、「想念の現象化」と表現することもできます。**わたしたちの心の内なる世界が、自分をとりまく現実の世界を引き寄せるので、「引き寄せの法則」とも呼ばれます。特に、世界観と人生脚本に気を配る必要があります。

世界観とは、わたしたちが、「世界とはこのようなものだ」と自分なりに規定している内容です。世界観は、「自分だけの現実」（パーソナルリアリティー）**とも表現できます。世界観は、幼少期の経験に大きな影響を受けます。**虐待やいじめなどに苦しむ経験をすると、その人の世界観は、「世界は自分にひどいことをする敵に満ちている」という内容になりがちです。このような世界観をいつも抱いていることによって、想念の引き寄せ作用により、その人の人生には敵ばかりが出現するような傾向が出て来るのです。親に虐待されていた子が大人になり社会に出ると、勤務先にもハラスメントをする上司や先輩がいて、同種の苦しみを経験するなどのケースがあります。

また、人生脚本とは、わたしたちは、自分の人生のシナリオを自分で書いてしまうという観点からの表現であり、世界観と同じような意味です。人生脚本と表現すると、人生物語が進行していく過程に焦点があたります。たとえば、「わたしの人生は何をやっても失敗ばかりだ」とか、「わたしは、決して幸せになることができない運命なのだ」というような思い込みです。このようなマイナスの人生脚本を抱くことによって、その想念による引き寄せが起こり、自分が書いたシナリオどおりの運命傾向を引き寄せやすくなるのです。ですから、わたしたちは、**良い世界観を持ち、良い人生脚本を書いて、自己の想念の中身を素晴らしい内容に整えていく努力をする必要がある**ということです。

たとえば、良い世界観として、「世界には素晴らしい人がたくさんいて、偉大な人物もたくさんいて、世の中はだんだん素晴らしいものになっていくんだ」と考えることです。また、「因果応報の法則があるから、わたしが積善の道を歩んでいれば、いずれ必ず積善の果報によってどんどん幸せになれるのだ」という世界観を持つことです。あるいは、良い人生脚本として、「わたしはこれからどんどん幸せになっていく。あらゆる面において、どんどん素晴らしくなる」あるいは、「悪しき縁は切れていき、良き縁が結ばれて、善き人に囲まれて幸せな人生になる」という人生脚本を抱いて良いのです。こうした人生脚本の中身を日々のお祈りとしても実践することができます。お祈りの習慣があれば、自分の世界観を良い内容に整え、人生脚本を良い物語に再構成し、人生好転を実現しやすくなるのです。

●正法の第三は、愛と真心で天佑神助を呼ぶ

正法の第三は、愛と真心と天運についての関係を理解することです。積善の生き方を積み重ねていくことで、積善の果報として幸せが巡ってくるのですが、そこに天運が加わると、もっと素晴らしい形で開運が成就するのです。**天運とは、神仏の加護、とりわけ、守護霊による加護を意味しますが、これがあるのとないのとでは、人生行路の歩きやすさに大きな差が出ます。**そもそも、わたしたちのほとんどは、生まれ変わりの歴史のなかでこしらえた積不善の影響を背負って今生の自分になっています。これが前世からのカルマと称されるものです。カルマとは因果応報の法則が働く様子を量的にとらえた表現といえます。たくさんの積不善が過去に積まれているなら、負のカルマがたくさんあるということです。カルマの負債ともいいます。カルマなんて信じられないという人もいますが、今の自分が良き原因の種をまけば、それは未来に良き結果として実ります。このように今から未来に向けての因果応報については誰でもすんなりと理解できるのです。だとしたら、過去から現在へもそうした因果応報が働いていることは自明の理です。この前世からのカルマに相応した形でわたしたちは生まれ変わります。つまり、生まれ変わり先の両親や家系の状態は、わたしたちのカルマ相応に法則によって決定されてしまうのです。国や地域

や親族や生まれてからの生活の環境なども、すべては法則によって相応のものになるのです。裕福な家の子に生まれ変わったのであれば、それは、あなたが前世で、お金やモノを他者に施して、他者を幸せにするという積善をたくさん行ったからなのです。あるいは、あなたがわが子を虐待するような親の子として、生まれ変わってきたのなら、その根源にあるのは、あなたが前世でわが子を虐待して生じたカルマの負債なのです。また、避けようのない形でふりかかってしまった災難なども、すべてはカルマの負債を返すために、法則に基づいて起きたということです。わたしたちは何の理由もなしに、災難に巻き込まれたりすることはないということです。すべては何らかの因果応報の結果であり、それは、前世を含めた過去の己の行いに由来するのです。

このようなカルマの負債による苦しみを、わたしたちは乗り越えて生きていくのです。その試練を乗り越える過程で、魂は磨かれ、進化していくようになっています。ふりかかってくる災難を乗り越えながら、積善に励んで、良き種をまいていくことで、運命はしだいに好転していきます。過去からの因果応報による苦難は、時にわたしたちの命を奪うこともあります。事故や病気などを乗り越えることができず命を落とすこともあります。

因果応報に拒否反応を示す人は「過去の罪によって理不尽に裁かれる仕組み」という部分に焦点をあてて、恐れているのです。確かに、先々に恐るべき災厄が降りかかってきて死ぬかもしれないと想像すれば恐怖にとらわれます。その恐怖から逃れるために、因果応報なんてないと否定し、カルマなんてないと否定し、生まれ変わりも否定する人もいます。ですが、否定したところで、人生に突然の災難、不慮の事故などが降りかかってくることをゼロにできるものではありません。**因果応報を肯定しようと否定しようと、未来に何が起こるかわからないリスクがあるという現実は変えられないのです。**

そして、因果応報を肯定して積善の道を歩む人には、このような災厄に対しても救いが用意されています。決して絶望的な結果になると決まっているわけではないのです。**わたしたちが、愛と真心にめざめ、積善の生き方を選んで、日々、良き行いを重ねていくことに加えて、信仰的な生き方に参入することで、天運という新たな救いを招来する道が開くのです。**すなわち、神仏に守られて、大難が小難になり、小難が無難になって、災いも転じて福となるような導きが授かるようになるのです。神の御心にかなう生き方をつらぬくなら、災厄から命が救われ、ギリギリのところで切り抜けていけるということです。

人生にはどうしても避けられない災難もあります。カルマの返済のため、乗り越えるしかない災難もあります。誰にでも、何かそういう部分はあるものなのです。このことを悟って、命ある限り、明るく前向きに進むのみなのです。自分の天寿が尽きるとき、一片の後悔もないように、刻々に全力を尽くすことが大切です。

人はそれぞれに前世から持ち越したカルマの負債があるので、人生にどうしても避けられない苦悩は存在します。すべての苦悩が、神様のご加護できれいに消滅することはなく、大難が小難に、小難が無難になるように神様は守ってくださいますが、それでも回避できない苦しみもあるのです。ですが、普遍的な意味での信仰心を失うことなく、積善を重ね、決してくじけない人には、神様の加護という恵みがやってきます。その救いがいつ来るのか。それだけは、わたしたちにはわからないのです。その時を忍耐強く待つことが、魂を磨く修業でもあるのです。できることをひとつひとつ積み重ねて待つことが大切です。病気に対しては、必要な治療を行うこと。体質の改善も、自分に合うやり方を見つけて少しでも効果をあげるように努めること。そうした生活改善の現実的な努力を重ねると同時に、それと並行して、天運を増していくための霊的観点からの努力も大事になります。毎日の祈りを欠かすことなく、加護を願い続けることが大切です。あらゆる不運の背後には、ハグレ眷属などの邪霊や生霊など、なんらかの霊的な影響がからんでいます。因果応報の作用が目に見えない世界にあって、それが現実界に現象として現れるときに媒介として作用しているのが霊的存在です。この部分を天佑神助によって縮小させることで、ダメージを軽減し、一度に現れる負荷を小さく抑えることができるのです。

ところで、そもそもすべての人が守護霊による導きを受けているのなら、誰でも守られているわけだから、誰もが幸せになれるのではないかと考える人もいるかもしれません。ですが、そうではないのです。確かに、この世に生きるすべての人間は、もれなく守り導く守護霊とのつながりを持っています。守護霊は血脈でつながった遠い祖先の高級霊ですからあなたの味方です。ですが、その人の生き方がこれまで解説したような信仰的な生き方や積善を重ねる生き方でないのであれば、守護霊は、あまり積極的な応援はしないのです。どちらかというと必要最低限の働きしかしません。天国界の守護霊の座から、ただ見守っているだけです。本人が正しい心根で努力をした場合のみ、その努力の成就を手助けしてくれます。本人の生き方が天地神明の道に反する場合は、必要最低限の加護さえも授かることができません。その結果、本人の因果応報のままに、不運に巻き込まれたり、試練に苦しめられたり、困難で行き詰ったりすることで、カルマの負債を返済するばかりの人生となるのです。

ですが、本書で解説したように、魂の本質にめざめ、生き方を改めることで、あなたは神の道に参入したことになります。そして、神の道に参入した子孫に対しては、守護霊は、最大限の加護と応援を惜しみなく与えて、天佑神助をもたらすのです。そして、必要に応じて、あなたのすぐ身近に来て道を開くために尽力してくれるようになるのです。すると、カルマの負債を返済する場合でも、大難が小難になるような形で、苦しみが緩和され、ぎりぎりのところで切り抜けていけるよう守られるのです。さらには、日常生活のなかで、「わたしは守られている」「わたしは運がいい」と実感できる出来事が増えていくのです。

そのためにも打算や交換条件などの見返りを求める思考を手放し、愛と真心をもって積善を積み重ねる生き方を継続することです。また、守護霊の加護をしっかりと受け取れるようにするために、毎日の祈りの習慣が重要です。お祈りについては前著『魂のみがきかた』で詳述しているのでご参照ください。

第九条 尊長を敬重す

●長幼の序と神霊世界

袁了凡は積善十カ条の九番目に、尊長（目上の人）を敬重することをあげています。これは霊界の仕組みがこの世に反映されたものと見ることができます。霊界では、世界が階層に分かれているといわれています。想念が明るく、軽やかで、愛による温かさを持つほどに、その霊は上の階層に住むのです。上にあがるほどに真、善、美が結実した世界となり、その最上層は天国界となります。反対に想念が暗く、執着心で重たくなって、愛のない冷酷なものとなるほどに、その霊は下の階層に住むようです。一番下が地獄界です。

霊界の階層である霊層は、無数といってよいほどの段階に分かれていて、一段階あがるだけで、幸福感がまったく違うのです。霊格が高いほど、上の霊層に住み、霊格が低いほど、下の霊層に住むということです。そして、霊格が高い霊ほど、尊敬の対象となります。

真ん中より上の霊層では、上の霊層から降りて来て後進を指導する高級霊が、ときおりやってきて教え導いてくれるようです。そうした高級霊は、畏敬の念をもって迎えられます。あの世では、霊格が高いほど、霊威が増し、霊力が増すようです。そのため、下位の霊達は、上位の霊を尊崇するのです。このようなあり方が、この世に反映した結果、この世でも人徳に優れた人物は、自然と人々から尊敬されるのです。人格が素晴らしく、徳のある人は、自然に周囲の人々に慕われて敬われるのです。

そして、長幼の序というのも、本来はそれと似たものであり、年齢を重ねるほど、人格が成熟して、徳のある人間になるからこそ、年上の人を年下の人が敬意をもって遇するのです。この世では実際には、年齢を重ねても人格が下劣な人間もいるので、必ずしも長幼の序を絶対視できない面もあります。ですが、本来は、人格や霊格というものが高いほど、尊敬されるということです。そして、守護霊となる高級霊も、霊格が高く、天国界の上層という高い霊層に住む霊であるゆえに、わたしたちは「守護霊様」と呼びかけて、崇敬するのです。さらにその上の次元にいらっしゃるのが、前著でも解説した推奨神社の御祭神様です。

●神様を敬う生き方が天運を呼ぶ

尊長を敬重することは祖先を敬うことにつながります。それが伝統を守ることにつながります。尊長を敬重することが行きつく先は、神様を崇敬することです。日本神話における神様とは、日本民族の祖先神です。神様に守られる生き方をめざしている人には、守護霊や神様の加護がやってきます。このようなあり方が国や社会に高い道徳観念を広め、国や社会全体が素晴らしい調和に満たされるのです。

『論語』に「**孝弟にして上を犯すを好む者はすくなし。上を犯すことを好まずして乱を作すを好む者は、いまだこれあらざるなり。君子は本を務む。本立ちて道生ず。孝弟なる者は、それ仁の本たるか。**」という教えがあります。目上に対して不遜でない人が、好んで社会や国家の秩序を乱した事例はないという意味です。親孝行な人間が、社会の調和や安定を守るということを教えています。ですが、親子関係にこじれやもつれがあると、親と子は和合できません。すると、親子のなかに尊長を敬重するという長幼の序が整わなくなります。毒親による子への束縛や支配、暴言や暴行がある環境で育った人は、無意識のなかに目上の人は自分を圧迫し、束縛する敵対者であるという世界観を持つようになります。それが結局は社会に混乱をもたらして国の調和と安定を壊すということです。第一章で解説した、愛着障害やパーソナリティスタイルの偏りは、すべて親子の関係のなかに端を発する問題です。すなわち、親子の問題を解決することは、天下を太平にし、国を救うことにつながっているといえます。

そして、好ましくない家庭環境で育った人であっても、人生のなかで神様の道と出会い、本書で説くような神様を敬う生き方を実践するようになれば、そこから人生を好転させて、幸せを実現することができるのです。いかなる人も神様を敬う生き方によって天運を授かり、さまざまな不利を挽回することができるのです。

●なぜ皇室は尊い存在なのか

イギリス、オランダ、デンマークを始め、世界にはたくさんの王室があります。そのなかでも、日本の天皇陛下ほど、高い道義心と無私の愛の祈りをつらぬかれているご存在は他にいないのです。天皇としての、もっとも大切なお仕事とは何か、現在の国民の多くはこれを知りません。国会召集や大臣任命、いろいろな式典へのご出席、国内外の各地へご訪問、「歌会始」「園遊会」「晩餐会」を主催するなど、天皇陛下のお仕事は無数にあります。しかし、もっとも大切なお仕事は、ただひとつ宮中祭祀なのです。

宮中祭祀とは何か。**皇居には、宮中三殿と呼ばれる神殿があります。天皇陛下はこの神殿で、天照大御神様をはじめ、国土を守る神々様、神武天皇に始まる歴代天皇に日々祈られるのです。この祈りこそ、天皇陛下のもっとも大切なお仕事なのです。**

『日本書紀』には神武天皇が天香久山《あめのかぐやま》の埴土《はにつち》をとって、神聖な土器をおつくりになり、身を清めて神々をお祭りになり天下を平定されたと記されています。また、「天皇は、まず神祇《じんぎ》（あまつかみ、くにつかみ）を祭り、しかるのちに政務をとりおこなうべき」との言葉が見られます。そして、天皇陛下の祈りとは、大御宝《おおみたから》である国民の平穏と幸せを祈る無私の祈りなのです。この世界で天皇陛下のような元首は他に存在せず、あえて類似するものを探すなら、ローマ教皇ぐらいなのです。

初代の神武天皇が日本で初めて都を置いたのは、奈良県の橿原神宮のあたりです。ここが「日本建国の地」とされていることも、現代の日本の子供は学校で教えてもらえない状態です。戦後、日本を占領したＧＨＱによって、神話を含めた日本の国の成り立ちについて学校で教えるのを禁じられたからです。

神武天皇については、実在が疑わしいとの学説が歴史学の主流のようになっていますが、それは戦後になってからのことです。ＧＨＱにおもねる学者たちによる自虐史観といえます。実在を疑う理由もいい加減なものです。『日本書紀』に１２７歳で亡くなったとの記載があり、現実的にはあり得ないから存在が疑わしいとされているのです。ですが、この長命については、古代の天皇の時代には、春秋年といって、春と秋に正月があって一年で二歳、年をとるという慣習があったことがわかっています。そして、神武天皇にゆかりの地名は、九州から関西まで、昔から無数に存在するのです。神武天皇の御陵は橿原神宮から徒歩15分ほど離れたところにあります。正式な国の歴史書である『日本書紀』に、神武天皇は畝傍山《うねびやま》の東南に都を造り、畝傍山の東北に葬られたと神武天皇の御陵の記載があります。『古事記』にも、神武天皇のお墓は畝傍山の北の方角の白樫の木が生えている尾根のあたりと記されています。平安時代に国が編纂した『延喜式』

では、橿原の宮で天下をおさめた神武天皇のお墓は大和国（現在の奈良県）高市郡にあると記されています。

鹿児島県の霧島神宮のあたりから始まって、奈良県の橿原神宮のあたりに至るまでの神武天皇の東征の物語は、今では学校教育の場から完全に消し去られています。日本は世界でもっとも古い国としてギネスブックにも記載されていますが、日本の子供たちは、建国の物語を知らぬまま育っているのです。建国記念日が何に由来する日なのかを即答できる若者は稀です。

皇室は、二千年を超える男系継承（父系継承）を維持してきました。**男系継承とは、父親を系図の上で順にさかのぼると、初代である神武天皇に必ずつながるという不文律です。男系継承というよりも父系継承と呼ぶほうが適切です。**初代の神武天皇は、建国の詔を発して、国民は家族であり、大御宝であると宣言されました。そのときから現在の第126代の天皇陛下に至るまで、歴代天皇はその精神を受け継いできました。皇室は国民に道徳の規範を示す霊的中枢として、現在まで皇位継承が連綿と続いてきたのです。日本は政治権力の中枢と、祭祀王としての中枢である天皇が共存するという世界に類例のないあり方を続けてきた国です。世界には不敬罪を制定している国も存在します。それらの国では王室への不敬を働くと犯罪となるのです。日本は、GHQに占領されたとき、その支配によって不敬罪が消滅しましたので、皇室への誹謗中傷が週刊誌などによって平然と行われているのが現状です。

日本の皇室は来るべき世界平和の実現のための霊的な要となる存在です。それゆえに、ディープステートたちは、なんとかして日本の皇室をなきものにしようと画策しているのです。そして、そのために進められている悪だくみが、女性天皇を生み出すことなのです。具体的には愛子内親王殿下を天皇にしようという運動です。彼らの主張は「愛子様は女性であるという理由だけで皇位の継承ができません。これは女性差別です。愛子様が皇位継承できるよう国を動かしましょう」というような内容です。活動家たちは、無知な国民をだまそうとネット上で署名運動をしたり、週刊誌で誘導記事や誘導マンガを書いたりしています。とある漫画家は熱心に、愛子天皇擁立を主張しています。テレビで有識者と称する工作員がこの主張を繰り返し宣伝しています。このような主張の何が間違っているのかを明確に理解して日本を守る必要があります。

●愛子様が天皇になってはいけない理由

歴史をさかのぼると八人の女性の天皇が存在しました。ですから、女性が天皇になれないということは、古代からなかったことです。ですが、女性の天皇には、不文律として、ひとつ重要な制限がかけられていました。それは、天皇の在位にある期間に、子を産まないということ。**過去に実在した八人の女性天皇はすべて、在位の期間中は独身であり、子を産むことをしませんでした。すべて男系の女帝ですが、未亡人または未婚者でした。**これはなぜなのでしょうか。それは、父親が誰であるかによっては、生まれてきた子が、神武天皇に父系でつながらなくなるからです。

女性が天皇の位についたのは、適切な皇位継承者（父系で神武天皇につながる男子）が存在しない状況でのことでした。そして、男系男子が育てば、その男子に皇位を譲ったのです。それゆえに、中継ぎとしての女性の天皇というお役目でした。男系男子（父系男子）が、皇位を継承するのが皇位継承の本来のあり方であり、女帝はあくまでも、臨時的な中継ぎであったのです。

そして、**現在は、神武天皇に父系でつながる悠仁親王殿下がおられます。現行の皇室典範で皇位継承権を持つのです。これはすでに定められたものであり、定められたものを覆して、悠仁親王殿下に皇位継承させないという悪だくみが、愛子天皇待望運動の正体なのです。**

明治時代に大日本帝国憲法が制定されたときに、皇室典範も定められたのですが、そのとき、男系男子による皇位継承がはじめて明文化されました。日本が近代国家となっていくうえで、女性の天皇が生涯独身でなければならないという形では、それこそ女性差別ということになりますから、この判断は適切だったといえます。天皇は祭祀王としてのお役目が本質ですから、その意味ではローマ教皇に似た存在でもあります。そして、ローマ教皇は、男性がなるものであり、過去に女性のローマ教皇は存在しません。それに異を唱える運動もありません。**天皇の本質は、日本国民の幸せを天神地祇に祈る大神主様ですから、父系継承が守られることこそが重要なのです。日本神話における神様の子孫であり、日本民族の大神主様であるのが天皇陛下なのです。**

国連の女性差別撤廃委員会は２０２４年10月29日、日本の女性政策について最終見解を公表し、男系男子に皇位継承を限る皇室典範の規定に言及、女性差別撤廃条約の理念と「相いれない」と指摘し、皇室典範の改正を勧告しました。すなわち女性天皇を認めよとの勧告です。ところが、不思議なことに、ローマ教皇、ダライ・ラマ法王、サウジアラビア国王などには、女性もなれるようにせよと勧告していません。このダブルスタンダードは何でしょうか。

天皇はローマ教皇やダライ・ラマ法王と同じ祭祀王ですが、そのことが知られていないことも一つの理由です。欧州の王室と同質と見ているのです。今回、国連女性差別撤廃委員会が日本に要求した内容は、悠仁親王殿下の皇位継承権を剥奪しろと主張しているに等しいものですから、これは国辱を受けた形です。「サウジは女王を認めろ」とか「首長国は女性首長を認めろ」というと、暗殺事件が起こるなど恐ろしい反発があるので到底言えません。日本は何を言われても大人しいので、やりたい放題なのです。国連には日本の左翼活動家の弁護士が委員として参加し、勧告の内容に影響を与えているというのが実態です。

「愛子天皇に国民の九割が賛成」などというニュースが報じられたこともありました。テレビや新聞の論調では、女性天皇を認める人は九割とのことですが、これも、共同通信という左翼的なオールドメディアによる発表で信ぴょう性に乏しいものです。もし、愛子内親王殿下が皇位継承し、その後に、一般男性と結婚した場合、生まれてきたお子様は、系図の上で父方をさかのぼっても、神武天皇につながらなくなります。そのお子様が皇位継承すると、それは女系継承となり、王朝の交替を意味します。すなわち、二千六百年以上続いた日本の皇室は、その時点で別の家系に乗っ取られたことになるのです。実際に、欧米の王室ではこのような女系継承がなされて王朝の正当性が危うくなっているのです。

天皇のご存在において最も重要なことは、系図の上で父親をさかのぼると初代の神武天皇につながっているという父系継承の不文律が維持されていることです。藤原氏も平氏も源氏も、豊臣秀吉も徳川家康も、みずからが天皇になろうとはしませんでした。歴史上の政治権力を握った者が、みずから天皇になろうとしなかったのは、皇室が神武天皇につながる特別な家系であり、それが祭祀王としての日本の霊的中枢であることを理解していたからです。そして、その掟を破ろうとする者は必ず滅び去ったのです。たとえば、織田信長は、天皇家を滅ぼし自分が皇帝になろうとしていたとする研究者もいます。その意図を知った明智光秀が信長を討伐したというのが、本能寺の変の真相だとする見方があるのです。もし、この説が真実なら、明智光秀は楠木正成や和気清麻呂と並ぶ、偉大な忠臣ということになります。

祖先が苦労を重ねて守ってきた伝統を、わたしたちの世代で壊すようなことがあってはならないのです。そして、「男性しか天皇になれないのは女性差別だ」という話は、まったく本質から外れています。皇室に民間人が入ることは、女性ならできますが、男性にはできません。女性は結婚という形で皇室に入り、皇族の仲間入りをすることができます。ですが民間人の男性は、皇室に結婚という形で入ってくることができないのです。ですから、女性差別だと叫ぶ人はむしろ男性差別だと主張すべき話なのです。

天皇の定義は、「父系で祖先をたどると必ず初代の神武天皇につながること」であると、愛子天皇待望論を唱える人に教えてあげてください。「天皇になったら、結婚しないで独身でいて、子を産んでもいけないと、あなたは愛子さまに言えるのですか？」と問うてください。

皇位継承の不文律は、神武天皇に父系でつながっていない男性が、皇室に入り込むことができないように排除する仕組みです。反対に女性であれば、結婚することによって、民間人が皇室に入ることができるのです。女性に対して開かれているといえるでしょう。**天皇とは大御宝である民の幸せを、日夜、天神地祇に祈り続ける祈り人であり、日本国の大神主様なのです。**天皇が祭祀王である以上、父系で初代天皇につながっていることは絶対に外せない不文律なのです。天皇は、天神地祇を祭祀するとき、皇祖皇霊をおまつりしているのです。祖先神を祭祀するという要素があるのです。農耕民族である日本民族は、男性を稲の種、女性を田んぼとして見立てたとも言えます。稲の種はどこの田んぼに蒔いても、育つのは稲です。もし、同じ田んぼでも、そこに稲ではなく麦や蓮の種を蒔いたら、稲が育つことはないのです。

令和になってから、さまざまな左翼系文化人が愛子天皇擁立を叫んでいますが、とりわけ、Yという人物は問題です。Yは、皇室はアマテラスオオミカミという女神から発祥したのだから、愛子天皇の実現は当然だと主張しているのですが、これは大間違いです。皇室の発祥は神武天皇からであり、天皇とは系図の上で父親をたどれば初代の神武天皇に必ず父系でつながる存在です。仮にYの論にそって、神代の時代を考察するのであれば、神武天皇の父は、ウガヤフキアエズノミコトです。その父はホオリノミコトです。その父はニニギノミコトです。その父はアメノオシホミミノミコトです。その両親は、スサノオノミコトとアマテラスオオミカミの夫婦であり、この夫婦は姉弟で夫婦となっています。姉弟の両親はイザナギノミコトとイザナミノミコトなのです。つまり、イザナギノミコトから数えても父系継承の不文律がつらぬかれているのです。また、歴史上に女系継承があったのだとYは主張しているのですが、これも嘘です。Yがあげる事例は、「715年、女帝の43代元明天皇の後に長女の44代元正天皇が即位した。元正天皇は母親だけが天皇で父親は皇族だが即位していないので女系継承だ」というのですが、元正天皇は父親は皇族ですから系図の上で父をたどれば、初代の神武天皇につながっているのです。つまり、父系継承の不文律が守られているのです。

つまり、Yは女性の天皇の子が皇位を継承したという事例を女系継承と主張しているのですが、父親を系図でたどれば、父系で神武天皇にしっかりとつながっているのです。たとえば、愛子内親王殿下が旧宮家の男性と結婚した仮定で考えたらわかります。仮に、この夫婦にお子様がお生まれになり、その後、旧宮家が皇籍に復帰したと仮定しましょう。その結果、このお子様が皇位継承されたとします。すると、その父親を系図の上でたどれば、旧宮家の家系をさかのぼりますから、やっぱり父系で神武天皇につながっているのです。これを女系継承と強弁しても、それは愛子様のお子様だから女系継承したのだという詭弁を述べていることになります。

現在の皇室典範で、今上陛下の次は秋篠宮皇嗣殿下。その次が秋篠宮家の悠仁親王殿下が皇位継承することは定められています。このままでは、悠仁親王殿下が皇位継承される頃、天皇陛下を身近でお守りする皇族がお一方もいない事態となります。

皇位継承の資格のある方がこれほど少なくなったのは、GHQの悪だくみの結果です。大東亜戦争の敗北により、日本は、昭和二十年八月から二十七年の四月まで六年八ヶ月のあいだ、外国軍隊に占領されました。ＧＨＱ（連合国最高司令官総司令部）は、日本弱体化のための命令を次々に出して日本を壊しにかかりました。憲法をはじめとする日本の法律を強制的に変えたり、日本のリーダーたちを東京裁判というインチキ裁判で殺害しました。そして、約二十万人の人材を公職追放令によって、公職から追放したのです。さらには「教育勅語は無効」と国会で決議させました。マスコミと学校教育を利用して、日本が悪の侵略国家だったとのウソ歴史を教え、人々を洗脳したのです。日本人の心から、祖国に対する愛や歴史に対する誇りを奪ったのです。

歴史の真実は、日本が欧米と戦って、白人による植民地支配からアジアの国々を解放したのであり、日本が戦った相手は、アジアの民を虐げていた白人の国々です。それなのに日本がアジアを侵略した悪という話にすり替えられたのです。国際法では、戦争に勝った国は、負けた国の法律を勝手に変えてはならないと定められています。ＧＨＱは国際法を無視して、日本弱体化政策を進めたのです。ＧＨＱにいたユダヤ人の一人が『あるユダヤ人の懺悔「日本人に謝りたい」』という本を書いています。著者であるモルデカイ・モーゼ氏は、日本国憲法作成など戦後日本処理策定にたずさわった人物です。戦前の日本はユダヤ人の夢見た理想の国であったのに自分たちがそれを破壊したことを、日本人に謝罪しているのです。

大東亜戦争が終わって令和七年で八十年ですが、占領中につくられた法律や制度は変わっていません。もっとも深刻な問題は、GHQが十四あった宮家を、三つに減らして十一宮家を臣籍降下させたことです。皇位継承資格のある皇族の数が減ったのは、GHQの占領政策のせいなのです。現在も十一宮家の子孫には皇族としての品格を保ち続ける男系男子が複数存在します。**青山繁晴議員が国政調査権を行使して調べた結果、七名の男系男子が皇族への復帰可能な状態にあるとのことです。**

神武天皇の男系の血統を継承されている男子がたくさんいらっしゃるのです。皇族から離れた方が皇族に復帰された先例は日本の歴史上に多数あります。旧宮家の方々が皇室に復帰し、宮家を立てていただくことで問題は解決するのです。復帰された新しい宮家に、神武天皇に父系でつながる男子がご誕生になれば、やがて立派な皇族として成長され、天皇家をお支えくださるでしょう。**青山繁晴議員は「日本の尊厳と国益を護る会」という議員団体を創設し、旧宮家の皇族への復帰のために尽力してくれています。この動きを応援していくことも積善になるはずです。**

●明治天皇すり替え説の欺瞞

世界には、196か国の国がありますが、その中で、もっとも長い歴史を持つのが日本です。西暦２０３０年は、皇紀２６９０年です。これは神武天皇が即位した年から数えると２６９０年目であるという意味です。皇紀は、わたしたちの大切なオリジナルカレンダーなのです。日本は、世界最古の伝統を持つ国であり、世界最古の文明を持つ国です。たとえば、青森県で見つかった三内丸山遺跡は、紀元前約３９００～２２００年というきわめて長い期間、存続したことがわかっています。１７００年間も平和に続いたのです。現在から約５９００～４２００年前の大規模集落です。世界の四大文明とはまったく別に、古代日本には、日本文明が存在していたのです。竪穴建物や掘立柱建物跡、大人や子供の墓、多量の土器や石器、木製品、骨角製品などが出土したのですから、これは文明と呼ぶべきものです。日本は縄文時代から続く、独自の文明を持ち、神武天皇から始まる２７００年近い連続性を持つ、世界に稀有の国です。日本は世界の霊的中枢であり、日本列島の形は、世界の五大陸の相似形になっています。日本を滅ぼしたいと願っている勢力は、日本の精神文明の中枢である皇室をなきものにしようと、さまざまな謀略を仕掛けてきました。それはユダヤ国際金融資本の手の者なのか、イルミナティやイエズス会なのか、ＣＩＡなのか、チャイナなのか。そのいずれなのかわかりませんが、暗躍するディープステートに関心がある人は、『馬渕睦夫が読み解く２０２５年世界の真実』（ワック２０２４年12月）をお読み頂くと理解が深まるでしょう。

皇室をつぶそうとして仕掛けられている、もう一つの情報工作があります。それが、明治天皇すり替え説というデマ情報の流布です。明治維新の際に、明治天皇が途中で別人とすり替えられたというのです。スピ系団体やスピ系ユーチューバーなどが喧伝しているものです。

もし、替え玉になっていたら神武天皇の血統でなくなりますので、天照大御神様が直接の守護ができなくなります。明治天皇は、神の道を説く和歌を御製として、その数９３０３２首も残しておられます。本書の章扉の裏に、明治天皇御製をいくつか載せています。このような高い芸術性は、血統と天佑神助がないとできないことで、その意味でも替え玉説が否定されます。明治天皇の伝記を読むと、たいへん高潔な人柄であったことがわかります。たとえば、日清戦争（１８９４－１８９５）の際、大本営が広島にあって明治天皇が最高指導者としてそこにおられたのですが、そのとき、側室たちが「陛下をお慰めしたい」と東京から広島に来られました。ところが明治天皇は、「前線の将兵が妻を伴い戦場にいると思うか」と仰せられ、会わなかったのです。これは明治天皇が、末端の兵士の心情にまで思いを致す高い共感力を持っていたことを示すエピソードといえます。明治天皇の御代で、台湾、南樺太、朝鮮など海外領土と、南満州鉄道や関東州などの海外拠点を日本は獲得しています。日本人の人口を二倍にし、海外領土を増やした偉大な業績を残されたのです。明治天皇は祭祀をたいへん重んじ、祈りを絶やさなかったと伝わっています。国民を思う御製として「国民《くにたみ》のうへやすかれと思ふのみ　わが世にたえぬ思なりけり」があります。また、世界平和を願う御製として「よもの海みなはらからと思ふ世に　など波風のたちさわぐらむ」があります。

天照大御神と皇祖皇宗《こうそこうそう》の守護を受けていなければ、このように聖人君子としか表現のしようのない足跡は歩めなかったといえます。南京大虐殺や従軍慰安婦などの歴史ねつ造でも、偽写真が多用されましたが、天皇替え玉説関連の写真も誤用やねつ造のものばかりです。また、明治天皇の養育係を務めたのは山岡鉄舟です。山岡鉄舟が替え玉を知ったら、何よりも義を重んじる私心なき捨て身の剣豪ですから、替え玉を斬って自分も切腹して悪だくみを粉砕する行動に出たことでしょう。西郷隆盛の遺訓をまとめた『南洲翁遺訓』に「**命もいらず、名もいらず、官位も金もいらぬ人は始末に困るものなり。この始末に困る人ならでは、艱難《かんなん》を共にして国家の大業は成し得られぬなり**」という有名な一節があります。これは、西郷隆盛と勝海舟の会談の際、西郷が山岡鉄舟を思い浮かべながら語った言葉です。また、替え玉とされた人物と、明治天皇様の骨格がまったく別のものであることは、法人類学者の橋本正次氏によって骨格鑑定されて明らかになっています。明治天皇すり替え説流布の目的は、日本国民から皇室への尊崇の念を奪い取ることにあります。愛子天皇の誕生をきっかけに女系天皇を生み出し皇統を断絶させることで、皇室を実質的に滅ぼそうとする輩と同じ目的を持っているのです。

●選択的夫婦別姓がなぜ危険なのか

国連の女性差別撤廃委員会は、夫婦同姓を義務付ける民法の規定を見直し、選択的夫婦別姓を導入するよう日本政府に勧告しています。同様の勧告は4回目であり、執拗です。「結婚後も夫婦がそれぞれ結婚前の氏を称することを認める」という「選択的別姓制度」を採用することは良いことなのでしょうか。夫婦別姓制度を認めれば、家族の一体感や家族のつながりが薄れ、家族制度が崩壊する危険があります。現在の制度である夫婦同姓は、明治時代に制度化されましたが、奈良時代から日本は夫婦同姓の慣習があったことがわかっています。**たとえば、710年（和銅三年）の下総国葛飾郡大島郷の戸籍で、戸主・妻・妾・子すべて孔王部《あなほべ》を継いでいて夫婦同姓です**（奥富敬之『苗字の歴史学』講談社学術文庫　2019年）。**江戸時代までの庶民も苗字は持っていたことがさまざまな研究によって明らかになっています。公の場で名乗ることができなかったに過ぎません。武家階級では夫婦別姓の形式がとられた例もありますが、庶民は夫婦同姓だったようです。**

氏《うじ》とは蘇我、大伴、物部など部族の名前です。姓《かばね》は「八種の姓」に見られる「大臣」「大連《おおむらじ》」などの役職称号でした。やがて氏姓は源平藤橋の四種類へと統合され、武家は本拠地の地名を取って名字とし、公家の場合は都の邸宅のある地名や寺院のある地名をとって家名として用いるようになり、これが名字（苗字）となりました。たとえば藤原氏は近衛家・九条家・二条家・一条家・鷹司家、源氏は足利氏・新田氏・武田氏・佐々木氏といったように名字がさまざまに生まれました。名字はファミリーネームであり、名字の制度は、父系による継承を大切にするものです。皇室の父系継承の尊重を民間がまねたものともいえるのです。１８７０年（明治三年）に国民全員が「氏《し》」をもつことが定められましたが、これはこれまでの状態を追認するものでした。明治八年11月9日に内務省が「婿養子は夫婦とも苗字が同じであるが、婦女が嫁ぐ場合も同じ苗字にすべきか？」と確認したのに対して、明治九年3月17日の太政官指令（回答）では「夫の相続権を行使する場合は夫婦同氏である。婦女が嫁ぐ場合は別氏でもよいがその場合は相続権はない」と回答しています。夫婦同姓にすれば相続権が生まれ、夫婦別姓だと相続権がないとの主旨ですから、これは現代でいう内縁の妻に関する話と同じです。

明治三十一年、明治民法が成立するとき、明治民法７４６条は「戸主及ビ家族ハ其家ノ氏ヲ称ス」としています。我が国では多くの平民が、従来から夫婦同姓を続けていたからです。夫婦同姓は江戸時代以前から国民が自然に形成した慣習だったのです。娘しかいない家では、婿をとって家を継がせることも自然な慣習でした。妻の姓でも良いということです。夫婦同姓、かつ夫婦どちらの姓でも良いという現在の制度は我が国の伝統文化を継承したものだったのです。**夫婦同**

姓は、我が国の本来の伝統的な慣習なのです。

夫婦別姓になると出てくる大きな問題として、「実家による孫の氏の奪い合い」が起きます。夫婦別姓の導入こそが混乱をもたらすのです。女性にとって旧姓は自分で選択できないものですが、結婚後の改姓はある程度自己決定できるという観点も大切です。イギリスの女性の多くは結婚後に夫の姓になります。これは今もイギリスほか欧米諸国で一般的な慣行です。婚姻時に夫の姓に変えて一体感を高めることを当然と考える欧州の民は多いのです。オーストラリアやニュージーランドも、同姓、別姓の両方の選択肢がありますが、実態は女性が男性の姓に変えることが一般的です。そして、ドイツでも女性の8割は結婚後に夫の姓に変えています。ドイツにおいても、結婚したら相手の姓になることが幸せと考える女性が多いといえます。

欧米が夫婦同姓を大原則としている最大の理由は、別姓夫婦の子の氏については両家親族を巻き込んで「氏の争奪戦」が起こるからです。望みが叶わなかった親族は不快に思うので親族間の不和が生じるのです。「別姓で結婚する」までは合意できても、「子の氏」について合意できず結婚に至らない事例も増えます。結婚と共に子の氏が自動的に決まる現行法下ではあり得ないことです。夫婦別姓には何のメリットもない事が明らかです。

夫婦別姓制度とは「中韓の風習を日本に強要して日本文化を破壊する」という趣旨であり、皇室の男系継承を壊してしまう隠れた意図があるのです。夫婦別姓を推進する勢力のほとんどが中

韓よりの反日思想を持っていることからも推察されることです。

家族は愛を学ぶ場であることを考えると、家族が同じ姓を名乗り、一体感を持つ夫婦同姓の考え方はきわめて合理的であるといえるでしょう。ビジネス上の利便性だけを考えての夫婦別姓は浅はかな考えです。夫婦別姓は決して世界の趨勢ではないし、選択的にであっても認めてよいものではありません。夫婦の姓について歴史的に振り返ることで誰でも納得できる結論です。

世論は選択的夫婦別姓に賛成していないという事実を、テレビや新聞などのオールドメディアは隠しています。「各種世論調査で今や六割以上の人たちが選択的夫婦別姓の導入に賛成している」との主張がありますが、これは虚偽です。令和三年実施の内閣府の世論調査では、次のような結果になっています。

（1）「現在の制度である夫婦同姓制度を維持した方がよい」27・0%、

（2）「現在の制度である夫婦同姓制度を維持した上で、旧姓の通称使用についての法制度を設けた方がよい」42・2%

（3）「選択的夫婦別姓制度を導入した方がよい」28・9%

（2）の「旧姓の通称使用の法制度を設けて、夫婦同姓制度を維持」は「条件付き夫婦同姓制度維持」であり、（1）「現在の夫婦同姓制度をそのまま維持」と合わせると、なんと69・2％**もの人が「同姓制度維持」に賛成しています。七割の国民は夫婦同姓を支持しているのです。**朝日新聞などの世論調査では「旧姓の通称使用」という選択肢を入れないで、「選択的夫婦別姓に賛成か、反対か」という二者択一でアンケートをとり、「賛成が73％」などと報道しています。**「旧姓の通称使用」が拡大すれば、結婚後の姓変更の不都合は解消されるわけですから、この選択肢をはずして世論調査をするのは悪質な世論誘導です。**

夫婦別姓の国である中国では家系図を作るとき、嫁の名前は書き込まれません。嫁は記録する価値の無い存在で、男の家系には入れないという思想なのです。儒教の伝統は、嫁は夫の家系には入れず、子供は夫の家系に入れるのです。夫や子供と姓を同じくして家族の一体感を持ちたいという願いは許されないのです。これが夫婦別姓であり、本質は「強制的親子別姓」なのです。韓国も儒教社会であり中国と同じです。そして、世界には姓のない国もたくさんあります。インドネシアもその一つです。イラクも家族の呼称たる姓は使いません。世界の姓名は多様なのです。

夫婦別姓でいちばん難しい問題は、子への影響です。夫婦別姓となれば、自動的に片方の親は

「強制的親子別姓」となるのです。これは潜在意識に与える負の影響が必ずやあると思われるのです。内閣府の世論調査で、**夫婦の名字・姓が違うことで「子どもにとって好ましくない影響があると思う」と答えた人の割合が69・0%に達しています。**「子供の姓をどうするか」という問題は諸外国でうまく解決できていないのです。飛行機に乗る際に、パスポートで母子の姓が異なると、連れ去りではないか、という疑いをかけられるので証明書を持ち歩かなければならないなどの問題もあります。**選択的夫婦別姓とは、強制的親子別姓であり、子供には親と同じ姓を名乗る権利がないというものなのです。**

国連の勧告をありがたがることは滑稽です。そもそも国連という呼称は誤訳であり、連合国が正しい訳です。連合国の由来は、広島、長崎の原爆投下をして我が国を滅亡させようとした非人道的な国の集まりです。彼らの勧告に従って日本の伝統文化を壊すことはあまりにも愚かな事です。そして、選択的夫婦別姓という制度はＬＧＢＴ法やヘイト法以上に危険です。なぜなら、これは親子別姓を可能にするだけでなく、日本が世界に誇る戸籍制度が破壊されるからです。戸籍制度が破壊されることで、不法移民が容易になり、不法移民でも選挙での投票が可能になり、スパイ防止法のない日本は内側から崩されます。日本の安定した社会が完全に壊れるのです。**選択的夫婦別姓の導入の真の目的は戸籍の破壊にあるのです。**最高裁大法廷は２０１５年12月と２０２１年6月の2回、夫婦同姓は「合憲」と判断しています。

第十条 物の命を愛惜す

●地球環境は何のために存在するのか

積善十カ条の第十条は、物の命を愛して大切にすることを教えています。地球は人間が魂を磨いて修業するために用意された学びの場といえます。地球環境を守り、自然保護を重視することは、大切なことです。ですが、それが人間を軽視し、抑圧するようなイデオロギーとなってくると本末転倒します。世の中には人間よりも動物を大切に思う人もいます。動物愛が高じて動物虐待防止運動にのめり込むような人もいます。動物たちを守ることも大切な事の一つですが、わたしたちが最優先すべきは、人間の問題です。人間の社会が平和になり、戦争がなくなり、道義心を持つ人が増えるようになれば、おのずから、動物虐待なども減少し解決していくのです。人間の社会を改善させていくことのほうが、神様の目から見て、優先順位がより高いのです。

動物愛護運動の一種に捕鯨禁止運動があります。日本やノルウェーは伝統的に捕鯨文化があり、クジラやイルカを食材としてきた歴史があります。捕鯨禁止運動をしている人々は、牛や豚を食べることには反対しないのに、クジラやイルカを食べることには反対するのです。奇妙なダブルスタンダードと言わざるを得ません。人類がクジラやイルカをある程度、捕獲して消費しない場合、クジラやイルカが海の食物連鎖の上位にいるため、海の魚が食い荒らされてしまい、世界中で漁獲量が減ってしまうのです。こうした奇妙な自然保護活動のイデオロギーも、人間という存在と、それ以外の動物を混同して考えることから起きているといえます。日本の政府は堂々と自国の捕鯨文化を保護し、クジラやイルカの消費が促進されるように支援しなければなりません。ノルウェーもクジラやイルカを食糧としている文化が残っているのに、なぜか日本に対する攻撃ばかりが繰り返されています。日本は国際社会からの圧力に弱く、いじめられても強い反論や主張ができない「いじめられっ子」のような国になりさがったのかもしれません。日本の国益を第一に考え、国民の幸福と平和を優先できる政治家が上に立てるようにするためにも、国民が政治に関心を持ち、流れを変えていく必要があります。

●健康に生きるために何が大事か

健康長寿のためには、mRNAワクチンを打たないことがいちばん重要です。したがって、コロナワクチンやインフルエンザワクチンは打たないことです。インフルエンザワクチンも、旧タイプのワクチンがまだあるものの、これからmRNAワクチンに置き換わってしまうので危険です。そんなものに頼らなくても、免疫力をあげて風邪をひかない生活は可能です。まず、ビタミンDのサプリメントを飲みましょう。ビタミンDは免疫力の維持に深く関係しており、感染予防、癌の予防、筋力低下の予防、認知症の予防、痛みの軽減など、さまざまな働きがある栄養素です。アレルギー体質や膠原病の緩和にも有益です。ビタミンDは、直射日光にあたると皮膚で合成される栄養素であり、食材にも含まれています。ですが、日本人の多くは慢性的なビタミンD欠乏の状態にあります。また、食事だけでは十分な補充が困難です。そのため、天然型ビタミンDをサプリメントで補充する必要があります。整形外科などの医療機関で処方されるのは活性型ビタミンD製剤であり、過剰症の心配があります。慢性的なビタミンDの欠乏は、人類が原始時代から現代のような生活スタイルに変化することで生じた問題なのです。児童であれば、肝油ドロップでビタミンDを補充できます。子供は大人より直射日光にあたる機会が多いので、肝油ドロップの適量でも十分に効果があります。それに加えて、ビタミンC、亜鉛などのサプリメントなども適宜とりましょう。

動脈硬化を心配する人は、ビタミンＥも飲むとよいでしょう。ビタミンＥは、動脈硬化や血栓の予防、ＬＤＬコレステロールの減少といった健康効果のほか、肌を守り、潤いを保つため必要な肌のバリア機能を安定させます。血行促進作用があり、皮膚の新陳代謝を高めます。

50才を過ぎて健康長寿をめざしたい人は、レスベラトロールやコエンザイムＱ10も取るとよいでしょう。これらの成分は、アンチエイジングに良いもので、レスベラトロールは長寿遺伝子を活性化させます。また、コエンザイムＱ10は人体のエネルギー工場であるミトコンドリア内膜にたくさん存在します。エネルギーを作り出すのに必須の物質です。Ｑ10は体内でつくられますが加齢とともに少なくなることが知られ「老化」の一因と考えられています。食材からでは十分量を取ることはできません。Ｑ10が足りなくなると、細胞の中でエネルギー作りが滞りますので、疲れやすくなり、体力の衰えを感じるようになります。

「魂向上実践塾」の塾生には、これらに加えて、天然プロゲステロンクリームの活用を勧めています。プロゲステロンは、人体で重要な働きをしているホルモンであり、多くの人で慢性的な欠乏状態にあります。この成分は、老若男女、すべてに有益です。プロゲステロンの働きは、免疫力の向上、感染予防、あらゆる癌の予防、認知症の予防、女性の子宮や卵巣に関連するほとんどの病気の改善と予防、造骨細胞を活性化して骨密度を上げる、血栓の予防など、多岐にわたります。それだけ体内で重要な働きをしている成分なのです。これに関する詳しい解説は、前著『魂の黄金法則』（たま出版）でコラムとして紙幅を割いて解説していますのでご参照ください。さらに詳しいプロゲステロンの重要性については、ジョン・R・リー博士（1933－2003）の『医者も知らないホルモンバランス』（中央アート出版）を読むと理解が深まります。アイハーブで天然プロゲステロンクリームが入手可能です。

すでに危険なｍＲＮＡワクチンを打ってしまった人も、同様の健康法で、ｍＲＮＡワクチンによる免疫破壊を挽回し、被害を抑えることができます。

そして、カゼイン（牛乳）、グルテン（小麦）、砂糖、植物油（パーム油など）をできるだけ避けることが大事です。また、ナノプラスチックの摂取を減らすこと（ペットボトル飲料、プラ包装の食品を減らす）。電磁波被爆を減らすこと（スマホを体に密着させて保持しない）。ラドン温泉やラジウム温泉を活用して低線量放射線をあびること。筋トレを習慣にして、筋肉を鍛えることで筋肉から分泌されるマイオカイン（老化防止物質の総称）の恩恵を受けること。これらを守ることで、健康長寿を達成できると考えています。就寝の時刻よりも五時間前には夕食を終え、それ以降は水以外の飲食をしないということも大切です。

これらに加えて、二酸化塩素水を飲む健康法にも注目しています。「魂向上実践塾」の塾生には実践法をもっと具体的に詳しく指導しています。

健康長寿するためには、栄養素の補充や食生活の工夫、筋トレなどの肉体の鍛錬も大事ですが、それ以上に大切なことがあります。それは、生きる目的を明確化して、自分が何のために生きるのかを自覚して、生きがいを感じながら生きることです。著者は有料老人ホームに併設された診療所の所長を八年間余り務めた経験があります。そのとき、たくさんの高齢者の生き様を見て、その最期を看取りました。そのなかで、高齢になっても元気で生き生きとして人生を楽しんでいる人は、生きる目的や生きがいをしっかりと持っている人だったのです。それがない人は、病気に負け、老化に負け、衰えて亡くなりました。健康法の実践などが不十分な人でも、ライフワークを持ち、向上心を失うことなく努力している人は、健康長寿をまっとうしたのです。

生きる目的として、もっとも素晴らしいものは、人生をかけて、この日本の国を守り、素晴らしくして、それを次世代へと残すという目的であると著者は考えています。本書を読むことで、どなたでも、この思いを抱くことができるのではないでしょうか。健康で長生きすることは、とても意義のあることです。長生きすればその分だけ、この世で積善が実行できるのです。積善の実行の過程で、自然と魂が磨かれていきます。そして、積善の実行をしようと努力する過程では、前世のカルマの負債の返済になるような苦労も乗り越えていくことになります。なんの努力もせず、遊惰安逸をむさぼるような形で長生きしても意味がないかもしれません。ですが、本書で説いた魂を磨く生き方を行うのであれば、早死によりも、健康長寿して、できるだけたくさんの積善をして、できるだけ魂を磨き上げてから、天寿をまっとうすることがより良い生き方となるのです。**この世に生きていれば、家族や友人知人など、まわりの人々に、本書の内容を知らせることもできます。人に善を勧めるという積善の実践ができるのです。健康長寿するほどに、そうした機会はめぐってくるのです。**たとえば、大きな積善の意味を持つ、選挙での投票という行動は、この世に生きているからこそできることです。

第十一条　天の大任のために生きる

●天の大任（神様のお役に立つ生き方）とは何か

袁了凡の積善十カ条に追加するべき一条として、第十一条をあげています。これは著者のオリジナルです。著者が運営しているＳＮＳ型メールカウンセリング塾「みんなで開運しよう！魂向上実践塾」（略称、魂向上実践塾）では、魂を磨いて積善し、神様のお役に立つ生き方ができる人になれるように、塾生が研鑽を重ねています。この塾はネット上の集いの場です。そこに集まるのは『魂のみがきかた』や『魂の黄金法則』を学んで、その内容を実践している人々、より深く学んでみたいと願う人々です。といっても、たった数百人の集まりです。積極的な宣伝など何もありませんので、誰にも知られていない小さな集まりに過ぎません。それでも、こういう場が必要と思うので運営を続けています。ただし、ひとりひとりのサポートを丁寧に行うには物理的な限界があるので、塾生が千人に達したら新規の入塾受付を停止しようと考えています。

本を読んで、「魂を磨こう、積善しよう」と志しても、一人で黙々と実践するのは困難なことも多いです。一時《いっとき》、情熱を抱いて、この道に取り組んだとしても、家族や友人知人が違う価値観であれば、いつのまにか周囲に流され、情熱も失せて挫折するかもしれません。そんな環境に暮らす人でも、同じ志をもって研鑽する仲間とつながる場があると、そこは一つの心の安全基地の役割を果たします。この安全基地をよりどころにすることで、中途挫折することなく、人生をかけて道を成就しようとするのが塾の目的です。

心がくじけそうなとき、塾SNSにログインすると、同じ道を歩む仲間たちがいます。仲間の実践報告の日記を読んだり、塾長からのSNS通信という塾内メルマガを定期的に読むことで、モチベーションが維持されるのです。

そして、塾生たちがめざしているのは、神様のお役に立つ生き方ができるようになることなのです。神様のお役に立つ生き方とはどのようなものなのかを深く究めていくのです。この生き方がなぜ重要かというと、これが最も天佑神助を授かることができる生き方であるからです。すなわち、人生にどれだけのハンディを背負っていようとも、この生き方をめざして進んでいくなら、誰であろうと天運が授かるようになり、しだいに人生全般が好転していくのです。

この塾を運営していくのは、大きな労力を要することです。参加された人、ひとりひとりが人生好転し、自己実現できるようにサポートしていくのですから、運営はたいへんな負担です。ですから、理解のない人や疑いの気持ちが強い人に、参加してもらいたいとは思いません。猜疑心を抱えて参加される人が塾生として道をまっとうできることはありません。そして、この手の人は去り際に必ず文句を言ったり悪口を言ったりして去るのです。そういう嫌な思いも体験し、何度も運営を中止しようかと悩みました。それでも、素直に実践され、幸せになっていく素晴らしい人々がいるので、その人々のために、自分の肉体や頭脳が塾の運営の負担に耐えられるうちは、存続させていこうと考えています。

災害や天変地異は、国や民族の集合体としてのカルマの返済の意味を持っています。その中に個人のカルマの返済も連動しています。被害にあわれた人々は、カルマの返済としての災厄に見舞われたという意味があるのです。戦争は人間が起こすものですが、戦争の被害に巻き込まれることも、やはり、個人のカルマの返済と連動しているのです。２０２０年1月から始まったコロナ騒動、大地震や津波などの災害、豪雨による水害、そして、地域紛争などの戦争の勃発など、令和の時代になって次々と、日本と世界に混乱が起っています。このような混乱の時代に、わたしたちはどうすればよいのか。大難を小難に変えていくための祈りと積善がもっとも重要です。ですが同時に、どのような困難があっても、魂を磨いて、進歩向上していくという勇気が必要です。

わたしたちは「できること」はできるのです。「できないこと」はできないのです。だから、「できること」をそれぞれがしっかりとやらねばなりません。そして、「できないこと」に対しても、

「できるようにしていく」という挑戦が大切です。「こんなことは自分にはできないから」と、できない理由ばかり作って、あきらめるのではなく、神様に「〜ができるわたしにしてください」「〜ができるように導いてください」「こんなことができるようになりますように」と、自分の壁を超える発願をし続けることが、魂を磨くという角度から重要です。向上のための立志、脱皮と進化のための発願です。この立志と発願が大事です。そうすることで困難をばねにして、飛躍していくことができるよう導かれます。

神様は消極的なことよりも積極的なことを好まれます。果敢に立ち向かうチャレンジ精神を尊いものとされます。積極的で勇気がある人が善に向かおうと前進するときに、そこに誠がこもるのです。神様はそのような誠を神に捧げる人を愛でられるのです。それぞれが違う試練、異なる課題に取り組んでいて、苦労もさまざまです。ですが、すべての人にとって共通項はこれです。すなわち、積極的に、チャレンジ精神をもって、人生に直面する諸問題にぶつかり、乗り越えていくこと。そうすれば、あなたの祈りに必ず神様の感応があります。どんな困難な状況にあっても、あきらめることなく、神の加護を確信して努力をしてください。このような理解の元で『孟子』の下記の一節を読むと、深い理解が得られるでしょう。

「天の将《まさ》に大任を是の人に降さんとするや、必ず先ずその心志を苦しめ、その筋骨を労せしめ、その体膚を餓えしめ、その身を空乏にし、行いには其の為す所を払乱せしむ。心を動かし、性を忍び、その能くせざる所を曾益（増益）せしむる所以《ゆえん》なり。」

この教えの意味は、天の神様が、その人に大きなお役目を任せようとなされるときには、必ず、先に試練をお与えになるということです。その試練とは、心の苦しみや体の苦しみを与えたり、お金の苦労を与えて困窮させたり、やることなすことを失敗させて、成果がなかなか出ない状況に追い込まれるのです。そのようになさる理由は、試練によって、本人の精神力を鍛え、忍耐力を養成し、できなかったこともできるように進歩向上させるためなのです。

これを生まれ変わりと因果応報の法則をふまえて、読み解くならば、大きな活躍をその人にさせようとするならば、先に前世からのカルマの負債を清算させて、運命的に身軽な状態にコンディションを整えなければならないということです。カルマの負債を清算するためには、さまざまな艱難辛苦を乗り越えることになるわけですが、その過程で、魂が磨かれるのです。すなわち、人間としての実力が磨かれるのです。忍耐力、根気、交渉力、表現力などの諸能力が試練を乗り越えるなかで進歩向上していくのです。そして、試練を乗り越え、魂が磨きあがった人は、天の大任をまっとうできる人となるのです。自分の個性を尊重し、その良い面を発揮できるようにすることは大事です。自分の個性とあまりにかけ離れた方向に無理やりに自分をあてはめようとすると、苦しみが増えて成果につながりにくくなります。したがって、わたしたちは、自分に合う道を進むことを原則にするべきといえます。それでも、人生に向かうとき、チャレンジする精神と忍耐力が重要なのです。それが天運を引き寄せる鍵なのです。

●究極の天運は因果の法則を越える

神様のお役に立つ生き方を特におすすめしたいのは、前世から背負った因果応報のために、これまでの人生で苦労を重ねてきた人です。たとえば、親による虐待を受けて育ったり、貧困のなかで育ったり、いじめに苦しんできたり、自分の願いが叶わず、不本意な人生を歩んできたような人です。そのような人は間違いなく、前世で積不善が多かったといえます。わたしたちが人生でめぐりあう、あらゆる人の縁、あらゆる降って湧いたような災難は、前世に由来するのです。前世で誰かをいじめたから、今生で自分がいじめられるのです。前世で子を虐待したからこそ、今生で自分が親に虐待されたのです。

すべての苦悩の根源にあるのが、前世から背負ってきたカルマの負債です。カルマの負債がある限り、人生に苦難が尽きないのです。そして、この世に生きている人のほとんどは、カルマの負債を何か背負って生まれ変わってきています。カルマの負債をすべて返済するまで、人生において、さまざまな苦しみがなにがしか起きてくるのです。この法則の働きを打ち消すことはできません。ですが、神様の加護があれば、カルマの負債の返済の仕方が少しずつ変容するのです。一度に大きな災厄が降ってきて、有無を言わさず苦悩に直面するという運命だったものが、大難が小難になって、借金を分割返済するような形で乗り越えていけるように変化するのです。たとえば、命を落とすような大病になって死に至るところを、命が救われ、乗り越えられる程度の持病を抱える程度になり、積善をしながら、運命を好転させていく余力が授かるようになるのです。人間関係の苦悩がやってくる場合も、大難が小難になることで状況が変わってきます。たとえば、苦しみから助け出してくれる味方が現れたりして、人間関係の苦しみで人生が破壊されないように、ぎりぎりのところで支えて、乗り越えさせてくださるのです。

そのような天運を授かる人となるためには、生き方を改めて、神様のお役に立つ生き方をめざすことが重要です。それは魂を磨いて積善を重ねる人生を歩むことから始まるのです。

困難の多い社会情勢のときほど、神様に守られていることが大きな意味を持ってきます。神に

守られ、災難を切り抜け、人生の苦難を乗り越えて、幸せに生きるには、神に通ずる心がけが大切になります。神様のご加護を授かるためには平凡に生きようとしないことです。高い志を持ち、大きな夢を抱いて努力をすることです。常に攻めの生き方で向かうことです。自分の置かれた状況、年齢、周囲の環境といったもので自分の心を縛り、自分を小さく見積もり、チャレンジしない言い訳を並べているようでは、天佑神助は引き寄せられません。

神様があなたのために大いなる加護を授けてくださるようにするには、まず、あなたが大きな志を持って人生に挑み続けることが大事です。志が小さすぎたり、そもそも志がなかったり、ただ平々凡々に日々を送るだけでは、本物の守護は授からないのです。常に志を抱いて、あきらめない心で努力を継続して、理想や志のために苦しみや葛藤を乗り越えていくとき、神様は本当の偉大な神力を発現され、その人の越えられなかった壁を越えさせて、道を開いてくださるのです。

苦労があるからこそ、魂は磨かれます。それが、栄冠や勝利、理想の実現につながるのです。そして、そのとき、大きな喜びも得られるのです。悲しみも苦しみも、魂を磨いてくれる砥石です。それらは乗り越えていかねばならないものです。平凡な人生観で生きることから脱皮し、大きな志を持って挑み続ける人生観をめざすことが大切です。怠りの心に陥るのは志がないからです。なんらかの志があったとしても、志が低すぎると魂は輝かないのです。低い志から高い志へと改めるところから人としての努力が始まるのです。

過去をくよくよ後悔したり、思い出したり、未来をあれこれ思い煩い、心をくもらせることは魂の輝きを失う愚行です。過去や未来ではなく、今この時に全力を尽くすことです。そのためには、より良い未来を信じて、夢と希望を描いて、その実現に向けて努力することです。未来のことを憂えるのではなく、素晴らしい未来の像を自分で生み出していくのです。良き未来を信じて、明るく努力するのです。その心がけで生きていれば、いつ寿命が尽きても、良い霊界が待っています。自分の強みをさらに磨いて、自分の弱みは少しずつでも強化していくのです。悪弊や悪癖を見破り、正していくことが魂を進化、向上させていく道筋です。悪弊や悪癖をそのままにしていれば、積善は妨げられます。魂を向上させて、その生き様を神様に奉納する気持ちが大事です。自分の今いる場所から始められることがあります。自分の置かれた状況からスタートできることがあります。平凡に考えず、大きな志で目標を設定しましょう。

この世において、あなたがどのような生き様をつらぬいたか。それが神様の眼から見た最重要事項なのです。苦しみから逃れようと自殺することが重大な罪となるのはなぜか。それは、せっかく魂を磨いて進化する機会を与えられてこの世に生まれたのに、試練に負け、逃げたからです。自殺しても問題は何も解決しません。死んで無になるなら解決かもしれませんが、そうはならないのです。自殺者は、死後、霊界で自殺の罪をつぐなうために地獄界で修業しなければならないようです。苦しみから逃れる方法は、自殺以外にいくらでもあります。なんとしても生き延びて、道を切り開く努力をすることが、その人にとっての課題だったのです。そして、すべての人間は寿命が尽きれば必ず死を迎えるのです。この人生も一時《いっとき》のものであって、いつまでも続くものではありません。今日一日、今日一日と、魂を磨いていくために自分を叱咤激励し、挑戦を重ねる心がけが大切です。

そして、このように**神様に心をむけて、神様と二人三脚で人生を歩んでいくようになると、ほんとうの幸福感や歓喜感動が実感されるようになっていくことでしょう。人間にとって、純粋な真心から発する祈りによって神様とつながることは、神様からの恵みや祝福を受けとることとなのです。**神様と揺るぎないつながりを持つなら、それは究極の心の安全基地となるのです。人は時にあなたの期待や信頼を裏切り、あなたを悲しませたり困らせたりするかもしれません。ですが、神様というご存在はあなたを裏切りません。神様に向けた愛と真心は、神様によって必ず報いられるものなのです。この境地に至ると、周囲の人間関係も必ず好転しますので、信頼できる仲間や友や家族にも恵まれ、現実的な環境も素晴らしくなっていきます。

神様や守護霊がこの人なら助けてあげようと思ってくださるような人間になるには、祈りが必要ですが、その祈りの中身が重要です。その祈りとは、天下万民の幸せを祈る祈りなのです。自分のことや家族のことを祈るだけでは神様には十分につながりません。大きく人類の幸せ、天下万民の幸せを祈ることが先に立って、それに続くものとして、家族や自分の問題があるというのがあるべき姿です。

ところが、天下万民の幸せを祈れないという人がいます。祈れない理由はさまざまですが、その理由のほとんどは、「認知の歪み」から来ています。「認知の歪み」を解除し、祈れるように改める必要があります。たとえば、誰かにひどいめにあわされて、そのことへの恨みが手放せない状態のときには、天下万民の幸せを祈ることは難しくなるでしょう。天下万民にその悪人が含まれていることに耐えられないと考えるなら、愛を向けることはできません。また、動物愛護への思いが強く、動物を虐待したり売れ残りのペットを殺す業者への激しい憎悪を抱えていて、人類を憎悪しているというケースもありました。そのような悪人達が含まれるから天下万民の幸せなど祈れないというのです。

これは「認知の歪み」のひとつ「心のフィルター」です。「選択的抽象化」とも呼ばれます。物事全体のうち、悪い部分のほうへ目が行ってしまい、良い部分が除外されてしまう思考の歪みです。心のフィルターを持つ者は、例えば次のように考えます。「動物を虐待するような人間は滅んでしまえばいい。いっそ人類が滅亡すればいいのだ」このような気持ちが心の中に潜んでいれば、どれだけ正しいお祈りを実践しても、それは形だけのものになります。言葉では、どんなきれいごとを祈っていても、心の奥底の本心では、人類を憎悪しているのですから、神様はその心根のほうをご覧になっています。

　このような人の場合、その祈りの根本にあるのが愛と真心ではなく、嫌悪や憎悪であるゆえに、いくらがんばって実践しても、理想実現に至らないのです。神様がいらっしゃるという実感を伴う、感動的な開運体験は、いつまでたっても訪れることはないのです。この認知の歪みを改めるためには、すべての人間に神のわけみたまが入っていることを理解する必要があります。**人間とは、魂が因果応報の法則という砥石によって磨かれて、神の全知全能の可能性を顕現させるトレーニングをするために、この世に生まれてくる存在なのです。つまり、いまだ全知全能に至っていないゆえに不完全であり、未完成であり、未熟な存在なのです。それゆえに、罪も犯すし、悪事にも走るのです。**自分も他人も、善人も悪人も賢者も愚者も、その意味では未熟な存在なのです。神様から見れば「ドングリの背比べ」です。

　天地の法則に背いたら、因果応報の作用で必ず行き詰まり、苦悩し、懲らしめられる結果となります。その苦悩から、魂は悟り、向上していくのです。現在、残虐な悪事を働いている人間もあと何十回も生まれ変われば、まっとうな善人になるのです。その間、何度も地獄に落ちて、懲役についたり、因果応報によって不幸、不運、不遇な人生に生きて、涙を流して人の痛みを悟るのです。神様は、このような長期目線で人類を導いておられるのです。

神のわけみたまは人類にしかありません。ほかの動物には人が持つような神のカケラはありません。この世は、人間が魂を磨いていくために作られた舞台なのであり、人間以外の生命はすべて、その舞台を美しく整えるために用意された存在なのです。

万有愛護は尊いことですから、動物愛護も大事ですが、それよりも、児童虐待の防止や戦争の防止や世界平和の実現の方が大事であり、動物の幸せよりも、天下万民の幸せを「先に」祈るべきなのです。この優先順位を間違えるなら、おかしな方向に行きます。天下万民の幸せを心から願えない人が幸せになることはできないのです。では、この世の悪人については、どう考えたらいいのか。それは、その悪人が改心して、正道に戻れるように祈ることが愛と真心に基づくあり方なのです。**悪い事をしている人も一日も早く心があらたまり、善の心に復帰できますように。悪い事をやめ、正しい生き方に回帰できますように。そして、幸せになりますように。このように悪の改心を祈るのが愛と真心に基づく道ということです。**もちろん、この世の犯罪は厳しく断罪されるべきであり、警察や法による取り締まりが必要なことはいうまでもありません。しかし、それは警察官や裁判官がやるべき仕事であり、神様に祈るときには、裁きを祈っては愛から離れていくのです。断罪する心は愛ではないため、神様につながらなくなるのです。

天下万民の幸せを祈れないもう一つのタイプは猜疑心が旺盛な人です。「そんな、天下万民の幸せなんか、祈っても意味がないのでは？世の中にそんな殊勝な人はいないよ。みんな自分がかわいいんだよ。人類愛とか、そんなのムリムリ」こんな思考の人は、本書の読者にはいないと思いますが、このような思考になる最大の原因は、「神様の救い」というものを信じていないからです。「わたしが祈ったことは神様が必ず受け取ってくださっている。わたしの祈りは積み重なって、この宇宙に影響を与えていく。大きな願いも、いつか必ず現実のものになる。神様が叶えてくださるから、必ず救われる」このような信仰心がないので、「神の救い」を信じられず、猜疑心が捨てきれないのです。本来の人間の魂は、神のわけみたまから発生していますので、神様に愛してもらいたいと感じています。最初は形からであったとしても、愛の祈りを実践し始めると、しだいにまとわりつくマイナスの想念が除去されていきます。すると、心の内面から神性が目覚めてくるのです。そのとき、ごく自然に天下万民の幸せを心から祈れるようになってくるのです。

●願いがなかなか叶わない原因

「お祈りしたのに神様に助けてもらえません。がんばっているけど、現実は厳しい状況です。」

こういった相談をしてくる人もいます。このような状態になるには、相応の理由があるのです。**うまくいかない原因を明確化し、そこを改めることで道は開けます。その最大の原因として最初に挙げられるのは、「愚痴、不満、後悔、泣き言、妬みを言うクセ」です。**ひとりごと、親に対して、身近な人に対して、どこかのSNSの書き込みとして……いろいろな形で「愚痴、不満、後悔、泣き言、妬みを言うクセ」を直さないと、運命好転は起こりません。このような悪癖の人がどれだけ祈っても神様に届かず、神様が動かず、奇跡が起きないのです。

このタイプの人は、自分が日頃から口にしていることが「愚痴、不満、後悔、泣き言、妬み」だと気が付いていません。誰かに指摘されないとわからないほどに、気づいていません。心の底から自分で反省しないと、この悪癖がある限りは、運命好転はきわめてゆっくりです。ゆっくりなので、実感できず、喜びも幸せもなかなか感じられないという結果になります。

過去のことをあれこれ後悔する言葉やうまくいっている他人を妬む言葉やうまくいかない自分

をさげすむ言葉を今日限り、口にするのをやめましょう。そのような思いが浮かんだときは、その代わりに感謝の念を発するようにするのです。感謝の念が不足していることは、開運を妨げる原因として二番目に挙げられるものです。感謝こそ天国の想念であり、神様につながるかけはしです。「愚痴、不満、後悔、泣き言、妬みを言うクセ」が直らない人は、感謝の念が不足しているのです。

このような人は「感謝できません」というのです。「感謝できるようなことは何もありません」というのです。これこそが、その人を幸せから遠ざけていると気づく必要があります。感謝の念を出す訓練を重ねることで、自然と「愚痴、不満、後悔、泣き言、妬みを言うクセ」は改まるようになります。感謝の念にあふれる人は神仏が喜んで守ってくれます。守護霊様も感謝の念にあふれる人をどんどん守ってより良い方向に導いてくださいます。**祈っているのに何も変わらないと嘆く人のほとんどが感謝の祈りを捧げておらず、感謝の言葉を述べていても、それはほんの形だけであって心の底からの本心ではありません。これが、神仏の加護から自分を遠ざけているのです。**

心の底から感謝するためには、「自分がいま、ここにいる」ことを肯定しなければなりません。それは「この世に生きて魂を磨くことができる」こと自体が大いに感謝すべきことなのだと知ることから始まります。感謝が心の中心に常にあれば、「愚痴、不満、後悔、泣き言、妬みを言うクセ」

は消滅します。そのためには、この世とあの世の真実を知る必要があります。

　たとえば、地獄で苦しんでいる霊のうち、少しでも改心できてきた霊は神様に「今度こそ、しっかり積善して魂を磨きますから、一日も早く生まれ変わらせてください」と誓いを立てるのです。こうやって、ようやく許されて生まれ変わってくる場合、この世の人生は苦難の連続になります。それでも、このような人は、心の奥底に魂の記憶があり、「ようやく生まれてこれた」との感謝と喜びがあるので、苦難の中でも明るく前向きに生き抜いて生涯を終えるのです。

　問題は、中途半端で未熟な魂です。最悪の地獄も知らないし、かといって、最高の天国界の有様も知らないのです。生まれ変わりの回数も少ない未熟な魂にありがちなことですが、この世でちょっと挫折すると、ひがみ根性に染まるのです。「わたしだけが不幸なんだ。みんな幸せなのに、わたしだけうまくいかない」そういうひがみ根性の不平不満にはまりこみます。そして、薬物や飲酒や喫煙に逃げたり、引きこもって社会から逃亡したり、親や兄弟姉妹などまわりの人をつかまえては、愚痴や不満をまき散らして、さらなる積不善を重ねます。

　そもそも幸せになるも不幸になるも、すべては因果応報であり、善因善果、悪因悪果の法則のとおりです。いわば自業自得です。誰かのせいなどではありません。幸せになりたい、願いを叶えたい、というのなら、それに相応しい努力をする以外には方法はないのです。酒やタバコをやめる。真面目に働く。食生活を正す。筋トレをする。勉強をして知識を増やす。学問を積んで知性と教養を高める。愛と真心にめざめ、霊格の高い人になるように生き方を改める。積善をして、幸せの果報がめぐってくるようにする。こうしたごく当たり前の努力をコツコツと積み重ねるよりほかに幸せを実現する方法はないのです。

未熟な魂の人は、こうした地道な努力から目を背けがちです。そうして「一発逆転したい」「一攫千金したい」「玉の輿に乗りたい」「有名になりたい」「エリートになりたい」「富裕層になりたい」……というような絵空事の世界ばかり見つめるのです。地道な努力をしないので、当然、それらは実現しませんから、そうするとますます世の中を呪い、他人を妬み、愚痴と不平不満の悪循環となって、酒やタバコや薬物に逃げ、自己破壊をします。

自分に発達障害や境界知能のグレーゾーンの可能性があるかもしれないと自覚している人は、そこであきらめたり、絶望するのではなく、そうした自分の存在と個性を愛することから始めなければなりません。自分は生まれ変わりの回数が少ない未熟な魂であり、それをこれから育てていくのだと思うことが大切です。自分という存在がここにある、ということ自体が喜びであり、感謝であるということに気が付かなければならないのです。

あなたは宇宙創造主の愛によってこの宇宙に誕生した魂であり、生まれ変わりを繰り返しながら向上している最中です。**親は子に「産まれてきてくれてありがとう」というべきですが、子も**

また親に「産んでくれてありがとう」というべきなのです。あなたもまた宇宙創造主の神様に「**このわたしをこの宇宙に生み出してくださってありがとうございます」という、もっとも根源的な感謝の念を持つ必要があるということです。ほんとうの感謝はそこから始まるのです。**

生まれ変わりの回数は魂ごとに違いますから、未熟な魂もいれば、より成熟した魂もいるのがこの世の姿です。魂の幼稚園児もいれば、魂の小学生もいれば、魂の大学生もいます。幼稚園児が大学生をうらやんでもしかたがないことです。幼稚園児が大学生と同じことができるなどありえません。成長とは段階を踏んで、レベルが上がるのであり、レベル1がレベル50を妬んでもどうしようもないことなのです。それよりも自分も、このレベルを上げていく魂向上ゲームに参加できたことを喜び、足元から一歩一歩進むのです。前に進むためには努力が不可欠です。努力のなきところに成長はありません。どんな幸せもどんな理想も、努力なきところには叶いません。「棚ぼた現象」は本質的にはありえないのです。見かけ上、「棚ぼた現象」に見えていても、そんな人の場合、必ず、前世やその前の前世で、その「棚ぼた」を授かるにふさわしいだけの積善の積み重ねをやっているのです。その因果応報が時間差で現れたものが「棚ぼた」の正体です。「棚ぼた」とは「棚から牡丹餅《ぼたもち》」の略です。思いがけずうまい話や幸運にめぐり合った様子を意味する表現です。

人間の運命に関しては因果応報の法則が絶対です。**幸運な誰かを妬んだり、うらやむというこ**

とは、その幸運な誰かが過去や前世でどれだけ努力と積善をしたかが見えてないということです。

生きて魂を磨けることそのものに感謝をすることが感謝の第一歩です。それができたら、家に住めることの感謝、食べることができる感謝、家族がいることの感謝、仕事があることの感謝など、いくらでも感謝の念が湧いてきて、その気持ちを祈りの言葉にできるのです。そして、感謝の念が本物であったら、必ず努力に向かうのです。**努力に向かわない感謝は、偽物の感謝です。神様にほんとうに感謝しているなら、神様の御心にかなう人間になれるよう自分を磨き、高めようと努力ができるのです。**感謝を背景として努力ができるから、神仏の加護と応援がどんどんやってきて人生が好転し、やがて個人的な願いも叶うことになるのです。このように努力をしないことが開運を邪魔する三番目の要因です。

①愚痴や不満や後悔や泣き言をいう。②感謝の念に乏しい。③努力をしない。これらの心得違いがあればなかなか理想は叶いません。この要素があると、幸せになるまでの時間はきわめてゆっくりとなります。反対にこの三悪をなくす心がけを持てば、人生の流れは変わります。

また、努力しないことを別の表現でいえば、物事に中途で挫折するということです。三日坊主です。仕事をしてもなんだかんだ理由をつけてすぐにやめてしまう。筋トレも続かない。禁酒や禁煙も、一日で挫折してしまう……。このような悪癖は改めなければなりません。改めることを強く決意し、それを毎日何回も立志し、完全に改めることをめざしましょう。

学ぶことにおいても同じです。本を読んでもなかなか内容を覚えられないのは、境界知能であることによるかもしれません。これまで職場で疎外されたり、いじめられたのも境界知能ゆえの理解力の乏しさが真の原因かもしれません。それでも、普通の知能の人がやる努力の何倍もの努力を続けることができれば、普通の知能の人と同等か、それ以上に成果が出ます。努力のやり方や量について一例をあげるなら、他人が3回読んで覚えられる文章なら、境界知能の傾向がある人は30回以上読むと覚えられる。それでも覚えられないときは、30回以上、声に出して読むと覚えられる。それでも覚えられないときは、30回以上、声に出して要点を書き出しながら読むと覚えられる。それでも覚えられないときは、それらに加えて、声に出して読んだものを録音したものを繰り返し聞く。さらには録音したものを聞きながら要点を書き出す。というように、努力の内容をレベルアップしていけば、「挫折体質」から脱却していくことができるでしょう。

●占いやスピリチュアルはなぜ危険なのか

ところで、運命を好転させたいがために、占いに頼ったり、スピリチュアルにハマったりする人もいます。これらは、ハグレ眷属とのつながりがあるものが多く、かかわることは危険です。占いにはいろいろな種類がありますが、どの占い手法も、未来を予測して、より良い選択をしようとして発展したものです。ですが、占い師をアドバイザーにして、自分の進むべき道を決めてもらうことは、人生の主導権を他者に委譲したことになるのです。霊能者のお告げやメッセージを頼りにすることも同様です。困ったことがあるたびに、占い師や霊能者やサイキックに相談し、進むべき道を指図してもらうことは「指示待ち人間」となることを意味します。これは、自分の人生を主体的に生きていないということであり、一種の怠けなのです。占い師や霊能者には、ハグレ眷属が背後にいて導いているケースも多いです。占い師や霊能者とかかわりを持つと、それらの霊の影響を知らず知らずのうちに受けてしまうことがあるため、しだいに人生が狂い始めるリスクがあるのです。

人間は、人生で試行錯誤することで魂を磨いていきますから、失敗はあってもよいのです。また、守護霊に守られる生き方を実践すれば、大きな災いは避けていけるようになります。先のことを過度に不安に思うことなく、天運を授かりながら試行錯誤のなかで日々を生きていくほうがよいのです。このあたりの詳細は前著『魂のみがきかた』のなかで詳述したのでご参照ください。

●なぜ前世療法の施術を完全終了したのか

著者は、１９９６年から医師として活動を始めました。病院や診療所での勤務を経て、２００８年から、奈良県にある健診専門医療機関の非常勤医師として活動する傍ら、京都府にカウンセリングルームとして「ヒプノセラピー研究所グングニルの工房」を開設し、約十五年間にわたって、三千人を超える人々に前世療法を施術してきました。そして、２０２４年９月をもって、カウンセリングルームを閉院し、前世療法の施術を完全終了しました。それ以降、産業医活動（健診医）と、「魂向上実践塾」の運営やメールカウンセリングの活動に専心しています。

なぜ、前世療法を完全に止めたのか。その最大の理由は、催眠療法や前世療法が抱えている大きな弊害についてわかってきたからです。それがどのようなものであるのかについて、本書で公開することは、大きな意義があると考えています。それは、これから催眠療法や前世療法の分野で活動したいと考えている人々に対して、警鐘を鳴らすという意義です。**結論から先に述べると、催眠療法や前世療法の分野に取り組むことは、その人の人生を危険にさらす可能性が高いので、おすすめはできないということになります。**

前世療法を重ねるなかで、因果応報の法則の仕組みが判明し、生まれ変わり、霊界、霊的存在の働きなど、さまざまな知見が得られたことは確かです。そのおかげで、本書も含め、五冊の著書を出すこともできました。そして、魂向上実践塾では、さらに奥深い内容の教材を学ぶことができるようになりました。著者にとって、この十五年間の実践は意義深いものがあったことは事実です。ですが、それでも本書で、催眠療法や前世療法の弊害を公表することに踏み切った理由は、この事実を知らないまま安易に、前世療法家や催眠療法士（ヒプノセラピスト）を目指す人が多いからなのです。それらの人々が今から述べる事実を知り、そのうえで、あえてこの道を目指すというのであれば、それは自己責任のうえで負うリスクといえます。ですが、本書を読んで真実を悟り、前世療法家や催眠療法士（ヒプノセラピスト）になることを断念し、人生の方向性を考え直す人も出て来るはずです。それらの人々の命を救うために明かすのです。

催眠療法や前世療法には大きな問題点があります。それは、施術者とクライアントのあいだに、潜在意識レベルでの意識の交流が生じてしまうという問題です。表現を改めるなら、それは霊的レベルでの交流ということです。施術者が持っている霊界とクライアントが持っている霊界が交流し、不必要な接触が起こるのです。これが何を意味するのかというと、相手が持っている霊的な悪影響を知らず知らずのうちに受けてしまうということです。前世を扱わない催眠療法でも起こることですが、前世療法となると、さらに強くこの現象が起こるのです。その結果、クライアントから悪影響を受け、施術者の運命に悪影響が出ます。具体的には、癌や脳心臓関連の大病などの命を奪うような病気を発症したり、交通事故をはじめとする事故や災難で命を落としたり、あるいは家庭にトラブルが多発して人生がめちゃめちゃになっていくような不運不幸が起きてくる可能性があるのです。

●霊的に接触することの問題点

この現象を理解するためには、カルマについての正確な知識が必要になります。わたしたちは誰でも、前世から受け継いだ積不善の影響（カルマの負債）を背負っています。前世から受け継いだ積善の果報の部分は、生まれ変わると幸せとなりますが、カルマの負債の部分は、生まれ変わると苦しみとなります。向かい風と追い風のようなものです。カルマの負債は向かい風、積善の果報は追い風となります。前世での積善と積不善の内容に見合う両親の子として生まれ変わり、その後は、家系が祖先から受け継いでいる、家系のカルマの負債と積善の果報の影響を受けるようになります。

このような運、不運の根源にある因果応報の作用が誰にでもあるのです。プラスの作用とマイナスの作用をそれぞれに受けているのです。プラスの作用が現実化するときにそれに関与するのが、守護霊などの善霊善神たちです。一方、マイナスの作用が現実化するときにそれに関与するのが、邪霊邪神ということになります。邪霊にはさまざまな種類があります。先祖代々、呪い崇る怨念の霊もあれば、祠を壊したことで祠に住んでいたハグレ眷属に祟られている家系もあります。また、今生で自分が行った悪行によって誰かを苦しめた結果、相手から恨みの生霊を送られる場合もあります。こうした邪霊の作用は、守護霊の加護を妨害し、結果的に不運不幸をもたらします。わたしたちは、その苦しみによって、カルマの負債を返済していくのです。具体的には、病気や事故や人間関係での苦しみや、人生の理想が成就せず不遇な人生になる苦しみなどがあります。こうした苦しみが現実化するときに、邪霊が関与しているのです。カルマの負債とそれを現実化させる邪霊の働きが存在しているということです。

因果応報の作用の部分に関しては、それが本人から他人へと移ってしまうようなことは起りません。ですが、それに付属している邪霊の作用の部分は、かかわる人間にも影響が及ぶのです。これは「運の良い人とつきあうと自分の運も引き上げられる。運の悪い人とつきあうと自分の運も引き下げられる」という現象の本質部分です。すなわち、その人間が背後に背負う霊的な存在の影響は、周囲にもわずかずつ及んでしまうのです。

催眠療法や前世療法を通じて、潜在意識レベルで深く触れ合うと、クライアントの霊的影響は、施術者にも少しずつ及ぶようになります。一度に受ける影響はごく小さくとも、これを何度も繰り返していくことで積み重なっていき、やがては多大な影響を受け取る結果となり、最終的には大病や事故の発生、人生の破綻などの形となって現れてくるのです。催眠療法士や前世療法家が、救急車で運ばれるような重病を発症したり、癌になったり、脳卒中や心臓病になったり、交通事故で死んだりするのはこれが原因なのです。悪影響が家族にまで及んで、家庭内がめちゃめちゃになるケースもあります。

著者の場合は、このような凶事が形に現れる前に、幸いにも難を逃れることができました。ですが、ほとんどのセラピストたちは、このことを知らぬまま不幸に直面していくのです。もちろん、このような不運不幸に巻き込まれるのは、本人に相応の前世からのカルマの負債があるからです。もし、そういったカルマの負債がゼロの人間が仮にいたとしたら、周囲の人からの霊的悪影響で病気や事故などの災難に会うことも起こりえないのです。ですが、この世に生まれて来る人間のすべてが、なにがしかのカルマの負債を前世から持ちこしているのです。負の霊的接触効果によって、そうしたカルマの負債の返済が一挙に発生するのです。本来はもっと緩やかな試練で現れるはずだった本人の運命を、悪い方向で変化させてしまうということです。

わかりやすい事例で話をするなら、先祖が稲荷の祠を破却してしまい、稲荷の祟りを受けるようになり、家の中がもめごとや争いばかりとなっている人がいたとします。具体的には親の虐待であったり、夫婦の不和であったり、親族間の訴訟事など、対人関係での災難です。これらの災難の根源には本人のカルマの負債があるのですが、不幸となって現実化するとき、そこには霊的な存在が媒介として作用することが多いのです。それで、この人が悩みを解決しようと、前世療法を受けにやってきたとします。この人に前世療法を施すことで、セラピストは、祟っている稲荷の軍団から、「邪魔しやがって」ということで、攻撃の矛先を向けられるようになるのです。すると、セラピストにも、稲荷の霊的攻撃が及ぶようになり、物事がちぐはぐしてきたり、もめごとが増えてきたり、病気や事故が増えるようになるのです。稲荷は執拗に祟りますので、自分で解決する方法を知らないほとんどのセラピストは、これにやられて悲惨な末路となるのです。

このような形で、**霊的な影響をいろいろな形で繰り返し受ける結果、前世療法を施術している人は、大病や事故によって早死にしやすいのです。あるいは本人ではなく身内が攻撃され、身内に大病や事故あるいは、もめごと、争いが頻発して、家庭がめちゃめちゃにされることもあるのです。**前世療法は人生好転のきっかけを与える力があるので、その人を祟っている霊的存在からすれば、「邪魔しやがって」という話になるのです。催眠療法や前世療法のように潜在意識レベルで深くかかわるようなものでなければ、ここまでの悪影響は出ません。それでも、心理療法やカウンセリングの場合でも、若干の影響を受けるのです。このような事実がわかってきたので、前世療法を生業としたいと考えている人には警鐘を鳴らしておきたいのです。あなたはこのリスクと直面するだけの覚悟があるのですかと。

このように催眠療法、前世療法を仕事とすることは大きな危険と隣り合わせということです。そして、これと同じぐらいに危険度が高いのが、占い師、霊媒師、サイキック、風水師、スピリチュアルカウンセラー、スピリチュアルヒーラー、遠隔気功ヒーラーなどのスピリチュアル系の仕事です。これらは、依頼者を開運させるパワーが大きければ大きいほど、返す刀で自分も切り裂かれるのです。

世の中には、霊的悪影響の少ない仕事がたくさんあるのですから、わざわざ、このようなリスクを冒さなくてもよいはずです。ところが、まっとうな仕事で成功できないから、まっとうな仕事はたいへんだから、といった理由で、こうした危険な道に入ってしまう人も多いのです。

どうしても対話による人助けを仕事にしたいなら、臨床心理士や公認心理士になり、医療機関で行われる水準の通常の心理療法のみを扱うのが無難な道です。NLPを含め催眠的な事や前世など霊的な事を一切扱わず、認知行動療法や解決志向アプローチのような心理療法であれば、より安全に他者を支援することができます。アドラー心理学を活用したコーチングや、岡田尊司さんが提唱されている「愛着アプローチ」なども安全といえます。その場合でも、他者からの負の想念のエネルギーをどうしても強く受け取る仕事なので、それらを自分自身で祓い清められるだけのノウハウがないと、心身に不調をきたすことも多いかもしれません。

また、こうした仕事でなくても、社会に出て人と交わり活動をすれば、程度の差はあれ、他者の想念のエネルギーを受け取るため、これに似た問題に直面するものです。そのレベルであれば、『魂のみがきかた』の内容を実践することで対処可能でしょう。

●魂向上実践塾の塾生との質疑応答

自分を許すにはどうしたらよいでしょうか？


【質問】

過去に犯した罪を咎められない人生に慣れていないからか、自分を罰することをやめられません。自分が悪い理由を見つけて責めてしまうのですが、どのように考えたら自分を許すことができるでしょうか？

【回答】

自殺が他殺と同じぐらいに罪深いように、自責も他責と同じぐらいに罪深いということを心から悟ることが重要です。あなたには自分を幸せにする義務や自分を救う義務があるのです。あなたの魂は、宇宙創造主によって生み出されて、今、ここにいるものなのです。すなわち、あなたは神の子であって、あなたの本質は、輝かしい栄光の中にある尊いご存在なのです。人間はすべてそういった存在なのです。間違いを犯して罪けがれが生じたら、みそぎ祓いしてそれを祓い清めると、再び清浄な本来の存在に戻るのです。これが日本に古来から伝わる神道的な世界観ということになります。みそぎ祓いするには、先に改心が必要です。過去の罪を認め、生き方を改めることで、それが成就します。

改心しても、因果応報の作用は残るため、過去のカルマの負債は苦悩とか苦難によって、あがなうことになっています。それらの苦しみは克服する過程で魂を磨くのです。試練は砥石の役割をもっているのです。負のカルマの清算は、神様が采配されることであり、自然に起きて来る試練として、まわりにやってきます。それを克服して幸せを目指す過程で魂が磨かれます。

過去の罪は、過ぎたことであり、今の自分の心と過去の自分の心はまったく違います。ですから、過去の自分を今の自分が断罪しがちです。今のあなたもそういう状態です。ですが、このような自責が強いと死後、あまり良い霊界に行くことができないようです。自責の念は暗黒の想念なので、暗黒の霊界に波長が合うためです。今のままではそうなる可能性もあります。自分も他人も、許すことができるようになれば、天国の想念に近づきます。許す心というのは、神様の心なのだと悟ることが大切です。**自他を許すことが神の愛の体得なのです。そのために、人間という存在そのものを愛することが重要になります。罪を犯したり、悪事に走るという人間の愚かさを包み込んで、その罪深い人間を愛するということが必要なのです。すなわち、「罪を憎んで人を憎まず」という悟りです。**

自分を虐待した母親を許すことができません

【質問】

当時の母の事情や本人の知性を加味して許してきたつもりでした。ところが、自分をよく観察してみると、母のせいにしてこうなったのだと、まるで本人に見せつけるように自分が不幸でいることで母へ復讐をしていた感が否めません。そもそも許すとは一体どういうことなのか。いつまでも母のことを許していなかった自分は辛かった過去をなかったことにしたくないと思っているようです。

【回答】

親に虐待をされたので親が許せないという問題を抱える人は、あなただけではありません。このような苦しみを抱えている人は多いです。そして、この問題を解決する方法は、因果応報の法則を深く理解し、悟ることよりほかにありません。あなたがこの世でされたことは、あなたが前世で誰かにしたことなのです。あなたの母親の顔をあなたに置き換えて想像するとよいですが、まさに前世のあなたは、あなたの母親と同じことをわが子にしたのです。その因果応報が自分に戻ってきているのが今回の人生の前半生ということです。**母親を許すためには、まず、母親とまったく同じ罪を犯した前世の自分という存在を許すことから始めなければなりません。母親を許す修業とは前世の自分を許す修業なのです。**

母親があなたに行ったひどい束縛や虐待や支配、いじめなどすべては前世の自分がまったく同じことを誰かにしたということです。そのときに被害を受けた側の気持ちを実体験するために、因果応報の法則によって、今生のあなたの環境が与えられたのです。その学びによって、もう二度とあなたは、このような悪しき他者支配をしなくなったといえます。魂に深く刻まれたので、もう、来世に同じ失敗はしないでしょう。このように因果応報の法則によって魂は学び、進化し、向上しているのです。そして、自分を許すことは他者を許すことであり、他者を許すことは自分を許すことなのだと悟ることです。他者を許すことは前世の自分を許すことなのだと悟ることです。そして許しの心こそ神の心であり、許しの心こそ仏の心なのであると悟ることです。他者も自分も許すことによって、あなたもまた神様から許されるのです。

積善は何のためにするのでしょうか

【質問】
神社にも行き先祖供養も欠かさずして来ましたし、恵まれない家庭へ寄附してきました。願いを叶えるために、これ以上何の積善をすればいいでしょうか。お金を全部寄附しないと積善の効果がないでしょうか。

【回答】
あなたは自分の願望を叶えるために積善をしたのですか？　もし、そうなら、それは積善ではありません。それは偽善というのです。「この善行をすればこんな功徳が手に入るだろう。これだけ寄付すれば良い事が返ってくるだろう。」もし、こんな気持ちで神社に参拝したり、先祖の供養をしたり、なにがしかの寄付をしたのなら、それは全部、偽善です。神様に誠として受け取って頂けていません。

積善とは、愛と真心で行うものなのです。愛と真心とは、まず、見返りをいっさい求めないことです。相手の幸せ、相手の喜びを心から願って行うものです。神様に喜んで頂けるようにということを願って行うのが神社参拝です。国や民の幸せを願って、それを第一の目的として行うのが参拝です。また、供養は先祖のために行うものであり、自分の願望を叶えるためではありません。たとえば、親が亡くなったときに、そのお葬式をするのは、自分の願望を叶えるためではなく、天寿を終えた親の霊を慰めるためです。そして、親への報恩感謝のためです。そこには交換条件などなく、ただ、真心から行うものであるはずです。

　自分の運が良くなったり、願いが叶うのは、あくまでも正しい積善を実践したことの結果でしかありません。あなたは願望実現の道具として神様を扱い、先祖供養を扱ったということになります。これは、打算というものであり、積善ではなく偽善です。**もし、愛と真心で行ったのなら、行ったこと自体が喜びなのです。そうでないとしたら、それは打算でやったこと、偽善なのです。それは積善ではないのです。**積善の果報がないのも当然かもしれません。このことを悟って反省し、向かい方を根本から改めないといけません。

　また、積善を続けることや魂を磨くことの大切さをお伝えしましたが、全財産を寄付するとか、社会生活が継続できなくなるような実践は本末転倒です。積善は周囲の人々の幸せと繁栄を願って行うものですが、その幸せと繁栄の輪の中に自分自身も含まれているのです。**積善は自己犠牲であってはならないのです。社会生活を破綻させるようなものであってはならないのです。**

自分も周囲もより良くなるための努力を続けることに意味があるのであり、結果が出ないことを焦ってはならないのです。

最初から願望実現という果報を目的に善行したら、それは偽善であり積善ではないのです。このことをわからない限り、運命好転もできないし、願いも叶わないのです。積善の果報が来ないと焦ることは、自分の行いが偽善であった証拠です。善行は何のためにするのかといえば、運が良くなるためとか願望を叶えるためでなく、魂を磨いて進歩向上するために実行するのです。その心で積み重ねれば、結果的に運が良くなるし、願いも叶うのです。それはあくまでも結果です。そして、そうなるまで時間がかかるのです。インスタントにできることではありません。ライフワークとして生涯をかけてやっていくことなのです。本書に解説したような正しい生き方をしていると神様のご加護があって、思わぬ幸せ事も増えていくのです。それはあくまでも、見返りを求めない愛と真心の行いの結果として起きることです。

今、無事に生きている事自体が神の救いであり加護の証なのです。無事で一日を過ごせることに感謝することが大事です。

愛するということがいまいちよくわかりません

【質問】

なぜ、わたしは人の愛を拒絶して、自分の内側から起こる愛にも鈍感なのでしょうか。どうすれば克服できるでしょうか。神仏が安全基地になれば十分ではと考えてしまいます。人の心を取り戻したいです。何も感じずに淡々と過ごして一生を終えたくありません。人間として生まれたからには人としての喜びを感じ、愛に目覚めたいです。

【回答】

神様が心の安全基地になったなら、あなたは、神様の願いに応えたくなることでしょう。神様の御為《おんため》に、何事かをなしとげて神様の御心を安んじたてまつりたいという思いが湧きおこることでしょう。もし、そうなっていないとしたら、それは神様を心の安全基地にまだできていないということになります。ほんとうに神様を心の安全基地にできたら、その人は神様のために尽くしたくなるものです。神様に与えて頂いた愛に応えようとする行動、報恩感謝の行動です。それが神様の願いを叶えようとする行いとなって現れるのです。

では、神様の願いとは何か、それは肉体をお持ちではない神様になりかわって、あなたがこの世において、人に対して愛ある言葉や愛ある行動をむけて、人を守り、人を助け、人をいつくしむことです。それが神様の願いだからそうするのです。神様の御心を安んじたてまつるために、今日一日、愛をもってまわりの人のために言葉と行動を発していくのです。これが神様への報恩感謝です。「神様の御心を安んじたてまつることができますように」とのお祈りを続けていけば、結果的にあなたの心は救われます。この実践があれば目の前にいる存在に対して何の迷いもなく、慈愛を向けられるようになるでしょう。

あなたが神様の御為にご奉公したいと心から願い続ければ、あなた自身が抱えるあらゆる問題は神様のほうで解決してくださるのです。人にはできないことも神様にはできるのであり、その神様に動いて頂ける自分を形成することに意識を向けるのです。神様への忠と義を追及することが重要です。なぜ、神様に忠と義を捧げるのか。それは神様に対する報恩感謝の気持ちから発するものなのです。この方向で道を究めていくと小さな我が消えていきます。ただ、神様の御心を第一として生きる喜びがそこに生まれてきます。そうなることで、神様から流れ込んでくる無限の愛があなたを癒します。すると、愛着障害も癒えて、愛を実感できないという問題はいつのまにか解決して、純粋な愛と真心で生きる自分が生まれてきます。

コラム4

古代ユダヤとDSと日本の未来

古代日本に古代ユダヤの民が渡来し、日本民族に溶け込んでいったという主張は戦前からありました。大和言葉とヘブライ語には同一の発音で同一の意味を持つ単語が数千語もあり、古代日本と古代ユダヤとのつながりは確かにあると考えられます。最新の研究としては、田中英道さんの『日本にやって来たユダヤ人の古代史』（文芸社）などがあります。ところが、ユダヤ人と日本人はＤＮＡが違うので古代ユダヤ人は日本に来ていないと主張する専門家もいるようです。白人ユダヤと日本人は、当然のことながら、遺伝子は違います。古代イスラエルの末裔である古代ユダヤの民は、有色人種であり、スファラデーユダヤと呼ばれています。これに対して、日本に来ていないユダヤの民が白人ユダヤ（アシュケナージユダヤ）です。アシュケナージユダヤは、七世紀の白人の国が、ユダヤ教に改宗して誕生した人々です。彼らは聖典を持ち、ユダヤ教の信仰と物語を共有することで結束しました。七世紀頃、黒海北岸からカスピ海にかけて、人口が１００万人程度のハザール王国という国ができました。ハザール王国は、九世紀に国民をユダヤ教に改宗させました。ここに白人ユダヤ国家が初めて誕生しました。ハザール王国が滅ぼされた後、ハザール人は世界に散らばって白人ユダヤとして存続しています。全世界のユダヤ人の90％が白人ユダヤです。彼らの慣習では、母親がユダヤ人ならば、子供はユダヤ人とみなされます。フランス革命やロシア革命に莫大な資金提供をして王朝を滅ぼしたのも白人ユダヤであり、アメリカにも500万人の白人ユダヤがいて、政治、メディア、司法などは、白人ユダヤ系の人物によって占められ、アメリカを陰から支配するディープステート（深層国家）となっています。

これに対して、古代日本に古代ユダヤの民が渡来したのは、約三千年前のことであり、遅くとも四世紀から五世紀までに日本への渡来は完了しています。ですから、七世紀以降の白人ユダヤの遺伝子と、日本人の遺伝子が同じであるはずがありません。すべての古代ユダヤ人は部族ごと日本に移り住んだようです。つまり、古代ユダヤ人は日本人に溶け込んでしまったのであり、世界のほかの地域を探しても、ほとんど残っていないということです。現代のイスラエルのユダヤ人のＤＮＡと日本人のＤＮＡを比較しても意味がありません。

白人ユダヤのなかには、全世界の富の九割を占有している百名ほどの大富豪の構成員となっている人々とその配下の富豪のファミリーがいて、フリーメーソン、イルミナティ、スカルアンドボーンズ、イエズス会など、さまざまなネットワークを使って、世界をグローバル化させ、国境をなくし、国家や国民の概念をなくし、伝統宗教や道徳をなくし、国際金融資本による世界支配をめざす動きをしてきたといわれています。彼らの動きが、人類にとってプラスに働いた面もあれば、マイナスに働いた面もあります。現代はそのマイナスの作用がしだいに大きくなってきています。こうした巨悪も、この地球上の人類社会の進歩向上をつかさどる、地球を主宰する神様の大きな手のひらのうえで動かされてきたにすぎません。やがては、日本を中心とする世界の平和秩序が樹立されるときが遠い未来に用意されているようです。前世療法のなかでこうした良き未来を示唆する情報を複数、得ることができました。未来のことは、わたしたちの努力次第で良い方向にも悪い方向にも変わるものです。ですが、素晴らしい未来がやがて実現し、人類に調和の時代が到来することを著者は信じています。日本の国もこれからどんどん素晴らしくなって、世界有数の国家になれると信じています。そんな素晴らしい未来の実現のための良き種まきをすることも、魂向上実践塾に参加している塾生の皆の生きがいなのです。

おわりに

「スピリチュアル」が好きな人は多いです。「スピリチュアル」にはまって時間とお金を無駄にしたあげく、結局、人生の問題は解決することなく、悩みもそのままで、願いもかなわずに希望を見失う人もいます。○○のパワーでカルマが消えるとか、○○のエネルギーで願いが叶うというような、おかげ信仰的なスピリチュアルにどれだけ取り組んでも、本質的な幸せは構築できないのです。パワスポ巡りをしても○○○さんに詣でても、決してあなたが幸せになることはなく、かえって、人生は混迷を極める結果となるばかりなのです。

幸せになる方法は、ただ一つです。それはこの世に生まれてきた理由を悟り、生まれてきた目的を果たす生き方に専心することです。わたしたちは誰でも、魂を磨いて進歩向上することを第一の目的として、この世に生を受けているのです。そして、因果応報の法則が働いていて、わたしたちに努力の方向性を指し示してくれています。善因善果、悪因悪果の作用を知ることで、おのずから、善因を増やして善果を得ることに向かうのです。

本書を読んで、魂を磨く生き方、積善の生き方を究めることに関心を持たれたかたは、著者の主宰する「みんなで開運しよう！　魂向上実践塾」に参加されるとよいかもしれません。同じ志を持って取り組む仲間が、塾SNS上にて、活動の成果や記録をシェアしてくれています。

魂を磨く道は孤独な道でもありますが、同じ道を歩む同志の存在をいつでも感じることができる場があると、そこが、ひとつの心の安全基地の役割をするようになります。迷いが生じたり、モチベーションが消えそうになるとき、塾SNSにログインして、仲間たちの活動に触れると、元気が回復し、勇気づけられるのです。塾SNS内で行っている回数無制限のメール相談への対応は労力を必要とするものです。ですが、これも著者自身の積善の修業と心得て「魂向上実践塾」を運営してきました。

そして、2024年9月をもって前世療法を完全終了して以降、著者は、「魂向上実践塾」の塾生の幸せや理想の実現をサポートすることに全力を尽くせるようになりました。前世療法から得られた情報は、五冊の著書のほか、塾内で頒布している教材となりました。これからは塾生の皆さんとともに、日本の国が素晴らしくなるための積善の道を追求していく所存です。

本書を読まれてご縁を感じられた読者からの入塾に関するお問い合わせにはお返事致しますが、遊び半分や猜疑心を持ったままの入塾は、お互いのためにならないので、お断りさせて頂いています。礼節と社会常識があり、真剣に取り組んでみたいという人にだけ、入塾許可を出しています。塾ですから参加には「お月謝」が必要です。現在は数百人ほどの小さな集まりですが、ひとりひとりのサポートを大事にした末永いお付き合いであるため、千人に達したら新規入塾者の受付を終了する予定です。参加すると著者に直接メール相談ができるだけでなく、塾生にだけお伝えしている情報を得ることができます。メール相談は、回数に制限はないため、あなたの悩みの解決につながるかもしれません。また、塾生としての一定の学びをクリアした人は、著者と会って面談ができる「塾長面談」を受けることも可能です。「魂向上実践塾　久保征章」で検索して頂ければ、「みんなで開運しよう！　魂向上実践塾」のホームページが閲覧でき、そこから、無料メール講座に登録することができます。

最後になりましたが、本書が世に出る道を与えてくださった高木書房の斎藤信二社長に心から感謝申し上げます。斎藤社長とのご縁がなければ、『魂のみがきかた』が世に出ることもなく、本書の出版もありえなかったのです。

令和七年一月吉日　　著者記す

主な参考文献・推薦図書

『パーソナリティ障害がわかる本「障害」を「個性」に変えるために』岡田尊司 著（筑摩書房）
『生きるのが面倒くさい人 回避性パーソナリティ障害』岡田尊司 著（朝日新聞出版）
『「愛着障害」なのに「発達障害」と診断される人たち』岡田尊司 著（幻冬舎）
『発達障害「グレーゾーン」生き方レッスン』岡田尊司 著（ＳＢクリエイティブ）
『子どものための発達トレーニング』岡田尊司 著（ＰＨＰ研究所）
『愛着障害の克服』岡田尊司 著（光文社）
『不安型愛着スタイル～他人の顔色に支配される人々』岡田尊司 著（光文社）
『アルフレッド・アドラー 一瞬で自分が変わる１００の言葉』小倉広 著（ダイヤモンド社）
『地球温暖化「CO_2犯人説」の大嘘』丸山茂徳・川島博之・掛谷英紀・有馬純 著（宝島社）
『馬渕睦夫が読み解く２０２５年世界の真実』馬渕睦夫 著（ワック）
『埼玉クルド人問題―メディアが報道しない多文化共生、移民推進の真実』石井孝明 著（ハート出版）

＜著者紹介＞

久保征章（クボ　マサアキ）
内科医。日本医師会認定産業医。
1970年、和歌山県生まれ。近畿大学医学部卒。病院や診療所に勤務し、メンタル疾患に深くかかわる中で、人間の生き方や人生観こそが病気や悩みの根本原因であると悟る。人生の根本的な癒しは、現代医療の枠組みの中では難しいと実感し、催眠療法、前世療法を主とした心理療法に取り組む。産業医として健康診断事業に関わる傍ら、2009年、京都府に「ヒプノセラピー研究所グングニルの工房」を開設。前世療法を中心とした心理療法により、人々の苦悩を解決する活動を15年間実践。2024年9月をもって催眠療法・前世療法の施術を完全終了し、セラピールームを閉院す。現在、「みんなで開運しよう！　魂向上実践塾」というオンライン塾にて、メールカウンセリングを軸に、塾生が悩みから脱却し、理想の人生を歩んでいけるようサポート。塾生とともに、積善の生き方を通じて国の弥栄のために貢献する道を研鑽している。著書：『前世療法医師による心の癒し』（東方出版）、『守護霊さんとお話して幸せになるCDブック』（マキノ出版）、『魂の黄金法則』（たま出版）、『魂のみがきかた　人生を好転させる魂向上の9つの道標』（高木書房）。

魂のみがきかた２
天運を呼ぶ積善11の実践

令和7年2月3日　第1刷発行

著　者　久保征章

発行者　斎藤信二

発行所　株式会社 高木書房

〒116-0013　東京都荒川区西日暮里5-14-4-901
電　話　03-5615-2062　FAX　03-5615-2064
メール　syoboutakagi@dolphin.ocn.ne.jp
装丁・印刷・製本　株式会社ワコー

　ISBN978-4-88471-841-1 C0011